In dieser Reihe sind
bisher erschienen:

Richtig Aerobic
Richtig Aikido
Richtig Ausdauertraining
Richtig Badminton
Richtig Basketball
Richtig Bergsteigen
Richtig Billard
Richtig Body-Styling
Richtig Carven
Richtig Fahrtensegeln
Richtig Fitness-Skating
Richtig Frauenfußball
Richtig Fußball
Richtig Golf
Richtig Golf länger und genauer
Richtig Golf rund ums Grün
Richtig Handball
Richtig Hanteltraining
Richtig Hochtouren
Richtig Hockey
Richtig Inlineskaten
Richtig Judo
Richtig Kanu fahren
Richtig Karate
Richtig Krafttraining
Richtig Laufen
Richtig Marathon
Richtig Mountainbiken
Richtig Nordic S
Richtig Paragliding
Richtig Qi Gong
Richtig Reiten
Richtig Rennrad fahren
Richtig Sanftes Krafttraining
Richtig Schwimmen
Richtig Segeln
Richtig Skitouren
Richtig Snowboarden
Richtig Sporternährung
Richtig Sportklettern
Richtig Stretching
Richtig Taekwondo
Richtig Tai-Bo
Richtig Tai Chi
Richtig Tanzen Lateinamerikanische Tänze
Richtig Tanzen Modetänze
Richtig Tanzen Standardtänze
Richtig Tauchen
Richtig Tennis
Richtig Tennistraining
Richtig Tischtennis
Richtig Torwarttraining
Richtig Trainieren im Fitness-Studio
Richtig Trainieren mit der Pulsuhr
Richtig Trainieren mit dem Thera-Band
Richtig Triathlon
Richtig Volleyball
Richtig Walken
Richtig Yoga

Andreas Huber

richtig billard

blvsportpraxistop

blv

Bibliographische Information
der Deutschen Bibliothek
Die Deutsche Bibliothek verzeichnet diese Publikation in der Deutschen Nationalbibliographie; detaillierte bibliographische Daten sind im Internet über http://dnb.ddb.de abrufbar.

BLV Buchverlag GmbH & Co. KG
80797 München

Lektorat: Maritta Kremmler/Dr. Christiane Lentz
Herstellung: Rosemarie Schmid
Layoutkonzept Innenteil: Buch & Konzept, Annegret Wehland, München
Layout: Walter Werbegrafik, Gundelfingen
Satz: agentur walter, Gundelfingen

Gedruckt auf chlorfrei gebleichtem Papier
Printed in Germany

ISBN: 978-3-8354-0132-7

Hinweis
Das vorliegende Buch wurde sorgfältig erarbeitet. Dennoch erfolgen alle Angaben ohne Gewähr. Weder Autor noch Verlag können für eventuelle Nachteile oder Schäden, die aus den im Buch vorgestellten Übungen und Informationen resultieren, eine Haftung übernehmen.

Andreas Huber ist Diplom-Ingenieur, A-lizenzierter Billardtrainer und seit über 15 Jahren im Lehr- und Ausbildungssektor tätig. Im Deutschen Billardsport ist er als Bundestrainer für Pool-Billard tätig und organisiert als Bundeslehrwart das gesamte Bildungswesen der Deutschen Billard-Union. Er gilt als einer der derzeit technisch versiertesten Billardtrainer, ist Autor und Co-Autor von Fach- und Lehrbüchern sowie Lehr-DVDs und kommentiert Billardübertragungen für das Fernsehen. Zusammen mit Ralph Eckert und Jorgen Sandman entwickelte er das vom Weltverband WPA anerkannte Lehr- und Testsystem PAT und baut dieses permanent weiter aus.

Bildnachweis
Alle Fotos von Ulli Seer außer:
AKG Images: S. 13
Cinetext: S. 15, 18

Alle Grafiken von Andreas Huber

Umschlaggestaltung:
Sabine Fuchs, fuchs_design, Ottobrunn
Umschlagfotos: Ulli Seer

Danksagung
Ich halte es an dieser Stelle für angebracht, mich bei einigen Personen zu bedanken: Allen voran bei meiner Freundin Conny und meiner Familie, die mich während der Arbeit an diesem Buch ertragen mussten und tatkräftig unterstützt haben. Weiter bei Ulli Seer für die herausragenden Fotos und sein Einfühlungsvermögen, bei meinem Modell Harry für seine Zeit und seine Mühen und zudem bei meinem Ausrüster Arthur Cues für alles, was sie für mich und den Billardsport möglich machen.

Vorwort

In diesem Buch soll es also um Billard gehen. Billard – dieses seltsame Spiel, das zwar aus Europa zu stammen scheint, in seinen Ursprungsländern allerdings nur ein bestenfalls leicht erleuchtetes Schattendasein führt.

Dabei kann man gar nicht sagen, was nun erstaunlicher am Billardspiel ist: die wenigen und noch dazu meist falschen Informationen, die die Bevölkerung über dieses Spiel hat, oder der immer noch schlechte Ruf der Wettkampfsportart Billard.

In Mitteleuropa hat es gerade einmal Snooker zum öffentlichen Medieninteresse geschafft, was wohl zum überwiegenden Teil am großen Erfolg dieser »kleinen« Sportart in England und dem enormen englischen Einfluss auf die Programmgestaltung des europäischen Sportfernsehens liegen dürfte. Dabei ist Snooker von allen Queue-Sportarten mit Sicherheit die unbedeutendste, wenn man von der Zahl der aktiven Sportler und der betroffenen (Freizeit-)Spieler ausgeht.

Von den angesprochenen »Fehlinformationen« gibt es im Bereich Billard beinahe eine unbegrenzte Menge.

- Das Spiel mit den Elfenbeinkugeln auf grünem Filz wird in Wahrheit mit Kunststoffkugeln auf jeansähnlichem Kammgarn oder bestenfalls einem Wollwebtuch gespielt.

Billardsport fasziniert, auch im Fernsehen.

- Vom sogenannten Kneipen- oder Zocker-Image kann man in der Realität wenig bis gar nichts finden – zumindest weniger, als man an diversen Stammtischen ältere Herren beim Kartenspielen um die Urlaubskasse antrifft.
- Das in Mitteleuropa als Randsportart gerade noch geduldete oder kaum wahrgenommene Pool-Billard ist in großen Teilen der Welt eine äußerst populäre Sportart und in vielen Teilen Asiens die Sportart Nummer eins.

Man könnte diese Reihe beinahe beliebig fortsetzen, als beispielhafte Dokumentation soll es aber hiermit genug sein.

Allein in Deutschland waren im Jahr 2005 ca. 45 000 aktive Billardspieler über Landesverbände der Deutschen Billard Union gemeldet. Das klingt auf den ersten Blick nicht gerade großartig, ist aber auf jeden Fall deutlich mehr, als man vermuten würde.

Interessant werden die Zahlen, wenn man die Angaben zu den geschätzten Freizeitspielern betrachtet: Man geht davon aus, dass täglich allein in Deutschland bis zu einer Million Menschen mit Billard in Kontakt kommen oder diesen Sport ausüben. Diese Größenordnung zeigt deutlich das Potenzial der Sportart auch im mitteleuropäischen Raum – oder um es einmal anders zu beleuchten: Wer kann schon von sich behaupten, noch nie mit Billard in Berührung gekommen zu sein?

Die Disziplin Pool-Billard stellt natürlich von den oben genannten Aktiven und Freizeitspielern den Löwenanteil (70 bis 80 Prozent der Aktiven und wohl ein noch größerer Anteil der Freizeitspieler). Dennoch bleibt das bereits erwähnte Problem der öffentlichen Anerkennung oder zumindest der öffentlichen Wahrnehmung. Wussten Sie, dass Deutschland im Pool-Billard eine der dominierenden Nationen ist? Oder dass einige der erfolgreichsten Billardspieler der Welt Deutsche sind? Oder können Sie sich vorstellen, wie kompliziert es ist, einem asiatischen Billardfanatiker zu erklären, dass ein blonder Jüngling aus Fulda namens Thorsten Hohmann 9-Ball-Weltmeister wurde, ohne dass dies in seinem Heimatland jemand mitbekommen hat – und das, obwohl er in Teilen Asiens kaum unbehelligt die Straße überqueren kann, weil er dort ein Super-Star ist? Wie Sie sehen, soll und muss es also Aufgabe dieses Buches sein, nicht nur die Grundlagen des Billard zu vermitteln, sondern auch Einblicke in die Sportart selbst zu ermöglichen, wie sie in unseren Breiten der Öffentlichkeit bisher wohl kaum zugänglich waren.

- So teilt sich dieses Buch nun auch klar in zwei Teile auf: einen allgemeinen Teil über die Entstehung des Billards, das verwendete Material und seine Historie sowie weitere Informationen rund um den Billardsport.
- Im zweiten Teil (ab S. 59) werden dann die Grundlagen beleuchtet und der Versuch unternommen, einige »Basics« des Spiels mit Queue und Kugel zu beleuchten. Darüber hinaus sollen einige Ausblicke auf die mentale Seite der Sportart und die damit verbundenen Tücken sowie ein möglicher Lösungsansatz aufgezeigt werden.

Dieses Buch kann natürlich kein Leitfaden »Wie lerne ich Billard in 20 Tagen« werden – dafür ist der gewählte Umfang deutlich zu gering und auch die Sportart einfach viel zu schwierig ... Oder wie mein Kollege Werner Naruhn (deutscher Bundestrainer) aus dem Karambolage-Billard beim Betrachten eines Billardbuchs zu dessen Autor sagte: »Ja, ich habe gehört, dass das ein sehr gutes Buch sein soll – aber leider hat auf diesem Planeten noch niemals jemand aus einem Buch das Billardspielen erlernt ...«

Ich habe dennoch mein Bestes gegeben, um im zweiten Teil alle Hilfestellungen zu geben, die man aus einem Buch mitnehmen kann (ja, Werner, ich weiß ...).

Für die »Schmuckfotos« in diesem Buch wurden absichtlich hauptsächlich deutsche Billardspieler gewählt, da wir uns sicherlich nicht hinter der Weltspitze verstecken müssen und es Zeit wird, auch einmal unsere eigenen Spieler und Nachwuchsstars zu berücksichtigen.

Für die Darstellung der billardspezifischen Fotos hat sich dankenswerterweise mit Harald Stolka einer der Top-Spieler des BSV Dachau (Deutscher Mannschaftsmeister der Jahre 2005 und 2006) und der Deutschen Pool-Billard-Bundesliga gefunden. Der 1975 geborene Wassermann ist nicht nur ein ausgezeichneter Billardspieler (seit 1975 in der Bundesliga, unzählige Turniererfolge, darunter die German Open in Sindelfingen 2006 – ein EuroTour-Stop –, zweimal unter den letzten 32 der Weltmeisterschaft – und das als Amateur!), sondern auch ein ausgezeichneter »Vorzeigesportler«, der sich mit Fahrradfahren, Mountainbiking und allgemeinem Konditionstraining auf einem Fitness-Level

Harald Stolka beim Training – wie immer verbissen.

bewegt und auch hält, der selbst in anderen Sportarten eher schwer zu finden sein dürfte. Nachdem er nicht nur irgendein guter und fotogener Billardspieler ist, sondern auch ein guter Freund, langjähriger Billardschüler und Gefährte auf meinem Weg zum Bundestrainer, hat es mich besonders gefreut, dieses Buch mit ihm als Modell realisieren zu können. Mein Dank wird ihm ewig nacheilen!

Abschließend bleibt mir also nur noch zu hoffen, dass wir mit diesem Buch die Interessen der Leser ein bisschen getroffen haben und dass vielleicht doch noch irgendwo auf diesem Planeten irgendjemand mit einem Buch in der Hand das Spiel mit Queue und Kugeln am grünen Tisch erlernt ...

Andreas Huber

WPA

Historie des Billardspiels – woher und wohin?

Heutzutage steht »Billard« als Oberbegriff für alle Varianten eines Spieles, das mit Kugeln und Stöcken auf einem Tisch mit (Banden-)Begrenzung ausgeübt wird. Wie bereits erwähnt, sind das im Wesentlichen Pool-Billard, Snooker und Karambolage-Billard. Karambolage ist von diesen Spielarten dabei die älteste nachgewiesene Wettkampfdisziplin.
In vielen Teilen der Welt gibt es darüber hinaus noch andere (mehr oder weniger bekannte) Arten des Billardspiels, die sich im Lauf der Zeit abgespalten oder auch eigenständig entwickelt haben. Exemplarisch sollen in diesem Zusammenhang das russische Pyramide-Billard, das Kegel-Billard und auch das italienische Billard Erwähnung finden.

Die Etymologie des Wortes »Billard«

Wenn man auf Spurensuche in Bezug auf das Billardspiel geht, so sollte man sich zuallererst einmal der Etymologie des Wortes widmen.
Die Standardherleitung dürfte sein, den Begriff auf das französische *»bille«* (»Kugel«) zurückzuführen. Der Name »Billard« könnte sich so vom französischen *»l'art de bille«* ableiten, was so viel heißt wie »die Kunst der Kugel«.
Eine ebenfalls recht unspektakuläre Erklärung bietet das Duden-Herkunftswörterbuch: »Im 18. Jahrhundert aus frz. billard entlehnt, das ursprünglich ‚krummer Stab' bedeutete und zu bille ‚Holzpflock' gehört. Kreuzung mit einem unverwandten gleichlautenden bille ‚Kugel' ergab dann (zunächst als jeu de billard ‚Billardspiel') die heutige Bedeutung.«
Da man sich bei der Suche nach der Herkunft des Billard jedoch zumindest teilweise im Bereich der Fabeln und Legenden bewegt, soll hier auch die berühmteste Geschichte über den Ursprung des Spieles und seines Namens wiedergegeben werden:
Die Geschichte stammt aus England und handelt von einem britischen Pfandleiher namens Bill Kew, der angeblich das Billardspiel erfand. Bis heute ist in England das Markenzeichen der Pfandleiher ein Schild mit drei bunten Kugeln. Besagter Bill Kew soll nun um 1560 sein Türschild mit den drei Elfenbeinkugeln zum Reinigen in den Laden gebracht haben. Dort begann er, mit den Kugeln auf dem Schreibtisch zu spielen. Mit einem Stock, den er normalerweise für das Vermessen von Stoff benutzte, versuchten er und einige Freunde, die Kugeln gezielt zu bewegen. Schließlich befestigten sie rund um den

Thomas Damm, Jahrgang 1961: Trainer und einer der europäischer Top-Senioren-Sportler im Pool-Billard. Außerdem ein sehr guter Freund.

Tisch Leisten, sodass die Kugeln nicht herunterfallen konnten. Sie luden sich dann öfter Gäste zum Spielen ein. Einer unter ihnen – ein Schreiner – war so begeistert von dem Spiel, dass er einen Tisch mit erhöhten Rändern baute und ihn zu Ehren des Pfandleihers *»Bill's Yard«* nannte.

So wurde der Sage nach das Spiel erfunden und auch der Name begründet. Der Begriff »Queue« soll dabei ebenfalls auf dem Namen des erfinderischen Engländers Kew beruhen – der englische Ausdruck für Queue ist *»cue«*, was man exakt genauso ausspricht wie Kew.

Es besteht allerdings der Verdacht, dass es sich nur um eine – zwar in Billardkreisen sehr berühmte, aber wohl dennoch frei erfundene – Geschichte handelt, die wohl eher den Wunsch der Briten verdeutlicht, Billard historisch nicht mit Frankreich zu verbinden, als wirklich korrekte Daten zu liefern.

Die Entstehung des Spieles

Wenden wir uns wieder den historisch belegbaren Daten zu: Mittlerweile ist man sich im Bereich der Sporthistoriker fast sicher, dass Billard auf die frühen Formen des Krockets zurückgeführt werden kann. Auch heute kennt man dieses eigentlich im Garten angesiedelte Gesellschaftsspiel noch, bei dem es darum geht, Bälle mit Schlägern durch Tore zu treiben und in Ziele zu dirigieren. An den europäischen Herrscherhäusern war dieses Spiel offensichtlich sehr beliebt und die Überlegung, das Spiel wetterunabhängig zu machen und eine »Indoor-Variante« zu schaffen, erscheint nahe liegend.

In England – wo sich das Wetter wahrscheinlich mit am launischsten gibt – kann man nun genau diese Entwicklung ab dem 12. Jahrhundert verfolgen: Es wurden große Tischspielflächen geschaffen, auf denen eine Art Krocket gespielt worden ist. Die grüne Farbe des Stoffes, mit dem der Tisch bezogen wurde, dürfte ebenfalls auf eine Simulation des Rasens zurückzuführen sein.

Erste handfeste Erwähnungen des Billardspiels finden sich dann in Frankreich in Zusammenhang mit Louis XI (1423–1463), von dem es heißt, er hätte einen Billardtisch besessen »mit einem Loch in der Mitte«. Von Louis XIV (1643–1715) existiert ein berühmtes Gemälde, das ihn 1694 bei seinem »geliebten Billardspiel« zeigt. Hier ist der Krocket-Charakter des Spieles noch sehr gut zu erkennen (ein Tor und ein »König«, den es zu berühren gilt).

Das Billardspiel wird auch 1591 in Edmund Spensers »Mother Hubbard's Tale« und ca. 1607 bei Shakespeare in »Antonius und Cleopatra« erwähnt).

1630 gibt es den ersten »Bildbeweis« eines fast schon modernen Pool-Billardtischs: Auf dem Gemälde »A Game of Billiards« von Adriaen Pieterszoon van de Venne erkennt man einen stoffbespannten Billardtisch mit sechs Löchern (wie beim modernen Tisch in den Mitten der Längsseiten und an den Ecken der Spielfläche).

1674 wird in dem englischen Buch »The Complete Gamester« von Charles Cotton zum ersten Mal erwähnt, dass man beim Billard den Schläger (immer noch eher ein »Shuffle-Board«-Schläger als ein Queue; siehe dazu die Illustration auf S. 13) in brenzligen Situationen – z. B. nahe am Rand der Spielfläche –

Ludwig XIV. beim »Billard«-Spiel

auch einmal anders herum führen und mit dem dünnen Ende den Ball stoßen darf. Diese »neue Technik« wurde 1679 vom Chronisten John Evelyn ebenfalls beschrieben, sie galt allerdings als sehr gefährlich für den Belag des Tisches. Erst auf einem Gemälde des frühen 18. Jahrhunderts kann man zum ersten Mal Spieler sehen, die den Schläger »verkehrt herum« führen. Nun entstanden recht schnell die heute üblichen, konisch zulaufenden Queues, deren Name sich natürlich aus dem französischen *»queue«* ableitet, was »Stiel«, »Schwanz« (Hunderute), »Schlange« etc. bedeuten kann. Zu dieser Zeit kamen auch die zum Queue verlängerbaren Gehstöcke groß in Mode.

Bis zum 19. Jahrhundert lief die Entwicklung des Billardspiels nun einfach weiter, wobei es lange Zeit keine wirklich vereinheitlichten Regeln und Spielformen gab. Man kann allerdings feststellen, dass sich beiderseits des Atlantik Billardvarianten mit und ohne Löcher relativ parallel entwickelt haben. Wie bereits erwähnt, hatten einige der ganz frühen Billards bereits Löcher, andere waren noch deutlich näher am Krocket. Aus diesen Krocket-Varianten soll sich das Karambolage-Billard entwickelt haben, da im Krocket ja

auch eine Berührung mit dem »Königsstab« die Punkte bringt. Dieser Gedanke der vorgeschriebenen Berührung von Spielobjekten wurde also als elementarer Hintergedanke des Karambolage-Billard weitergeführt.
Die zusätzliche Schwierigkeit der Tore im Krocket konnte dabei nur mit einer weiteren Kugel realisiert werden, die in einer vorgegebenen Art und Weise berührt werden muss (z.B. Mindestanzahl der Bandenkontakte).
Dem gegenüber findet sich bereits 1630 ein Bildbeweis für den »Urvater der Loch-Billards«.
Über quadratische und vieleckige Formen kristallisierten sich dann Billards (mit und ohne Löcher) im klassischen Seitenverhältnis 1:2 heraus. Auch die Standardgrößen 10' und 12' gehen auf diese Zeit zurück. Die kleineren Billards entwickelten sich dann in der Folge primär aus Platzmangel.
In der Mitte des 19. Jahrhunderts entstanden in Europa und Amerika die ersten großen Billardsäle – sehr mondäne Orte, an denen sich nur die obersten Gesellschaftsschichten trafen. In Europa dominierte das Karambolage-Billard, in England bereits eine Sonderform des Loch-Billard auf einem riesigen 12'-Tisch, auf dem mit drei bis vier Kugeln das sogenannte English Billiard gespielt wurde. Es gilt als Vorläufer des Snooker, wurde aber bereits auf dem heutigen Snooker-Tisch gespielt. In Amerika waren Pool-Billard und Karambolage gleichwertig und zumeist gleichzeitig in den Sälen vertreten – gute Spieler beherrschten zu dieser Zeit dort in der Regel beide Spielformen, was die Zuschauer auch von ihnen erwarteten.
Große Showkämpfe und Turniere waren wichtig, um das anspruchsvolle Publikum bei Laune zu halten. Ein Showkampf zwischen den Spielern Phelan und Seereiter faszinierte 1859 über 1000 Zuschauer, die sogar 5 Dollar Eintritt bezahlten, was damals ein kleines Vermögen war. Besagter Michael Phelan (1818–1871) hatte zu seinen aktiven Zeiten den dominierenden Einfluss auf das internationale Billardspiel. Er war ein großartiger Spieler, Billardtisch-Fabrikant, Buchautor und Betreiber eines Billardsaals. Er wird noch heute zu Recht als der Vater zumindest des amerikanischen Billard bezeichnet.
Überhaupt war das 19. Jahrhundert von den großen Entwicklungsschritten im Billard geprägt.
1807 soll François Mingaud (1771–1847) als Erster mit einer »Leder-Pomeranze« gespielt haben – dass er der Erste mit einem Klebeleder am Queue war, wird zwar mittlerweile bestritten, doch dass er als Erster dokumentiert hat, was im Billard mit einem Queue möglich ist, steht dagegen fest.
1826 begann W.T. Mali in Amerika mit der Herstellung von speziellem Billardtuch.
1835 stieg in Spanien auch Gorina Co. ins Geschäft ein, wobei sie in erster Linie Tücher für Karambolage-Billard fabrizierten. In Europa hatte bereits 1680 die Firma Ivan Simonis damit begonnen, Billardtuch herzustellen. Die Vormachtstellung der Tücher von Simonis im Pool-Billard ist seither ungebrochen.
Der Engländer John Thurston spezialisierte sich auf die Herstellung von Billardtischen und erfand 1835 die Gummibanden, die in der Folge von der Firma Goodyear vulkanisiert wurden.
1845 nahm in Amerika der Exil-Schweizer John Brunswick seine Tätigkeit als Billardtisch-Fabrikant auf. Er war das »Genie«, das

den Pool-Tisch standardisierte und nebenbei das größte Billardimperium bis in die Neuzeit schuf. Brunswick-Tische gelten bis heute als das Beste, was der Markt zu bieten hat. Es war erneut Michael Phelan, der die Revolution der Billardbälle initiierte: 1863 setzte er einen Preis in Höhe von 10 000 US-Dollar dafür aus, einen adäquaten Ersatzstoff für Elfenbein zu finden. Er sah sich zu diesem Schritt veranlasst, da dieser Naturstoff immer seltener und damit auch immer teurer wurde. 1860 war bereits mit lehm- oder tonartigen Kugeln experimentiert worden – allerdings mit eher bescheidenen Erfolgen. 1869 gelang es dann John Wesley Hyatt, ein Verfahren zu entwickeln, bei dem die gerade entdeckten Zelluloide mit Hilfe von Hitze und Druck in haltbare Thermoplaste überführt werden konnten. Damit konnte neben »künstlichem Elfenbein« zum ersten Mal auch Ebenholz, Horn, Schildpatt oder Perlmutt imitiert werden. Hyatt hatte nun also nicht nur den ausgelobten Preis von Michael Phelan gewonnen und die erste Firma zur Herstellung von Billardkugeln gegründet (Albany Billiard Ball Company), sondern ganz nebenbei auch noch den ersten thermoplastischen Kunststoff der Geschichte erfunden und so das Zeitalter der Kunststoffe gestartet.

Der Niedergang der Sportart

In allen Großstädten boomte Ende des 19. Jahrhunderts das Billardspiel und hatte

Paul Newman als Eddie Felson in »Die Haie der Großstadt« – mittlerweile ein Film mit Kultstatus

einen gesellschaftlichen Stellenwert inne wie heute teilweise der Golfsport oder die großen Pferderennen.
Der Niedergang der ersten Blütezeit des Billard kam dann fast schon aus einem profanen Grund. Selbst die Weltwirtschaftskrise konnte das Spiel nicht komplett zum Erliegen bringen: Den einfachen Leuten ging zwar das Geld für dieses teure Hobby aus, was dazu führte, dass viele der großen und teuren Säle kaum noch zu halten waren. Auf der anderen Seite stammten die Kreise der Billardspieler teilweise aus so hohen Gesellschaftsschichten, dass zumindest die mondänsten Clubs erhalten blieben.
Es war die Prohibition, die das Ende einläutete. Leider liegt auch der schlechte Ruf, der dem Billard selbst heutzutage noch oft anhaftet, darin begründet: Es gab in diesen schwierigen Zeiten nicht viele Orte, an denen sich die Menschen treffen konnten – also auch nicht viele (offizielle) Orte, an denen große Alkoholrazzien durchgeführt wurden. Die Billardsäle waren natürlich für beides prädestiniert, ebenso der Erfolg der Behörden bei diesen Razzien. In der Folge war es nicht mehr opportun, sich in diesen »schlechten Kreisen« zu bewegen, und der zwielichtige Ruf des Sportes war geboren. Damit hatte auch sein gesellschaftlicher Verfall rasant begonnen, zumal die großen und teuren Spielsäle aufgegeben werden mussten, nachdem das zahlungskräftige Publikum der Oberschicht ausblieb.
Billard verkam also quasi »im freien Fall« von einer mondänen Nobelsportart zum Zeitvertreib der niederen Schichten und wurde grundsätzlich mit dem Umfeld der Gauner und Ganoven in Verbindung gebracht. Selbst heute sieht man Billard in Kriminalfilmen gerne als schmückendes Beiwerk der »Szene«.
Der Popularität des Spieles selbst tat das allerdings erstaunlicherweise keinen Abbruch – eher im Gegenteil. Spätestens nachdem das amerikanische Pool-Billard mit den GIs nach Europa zurückkehrte, hat wohl jeder schon Kontakt mit dieser Spielart gehabt. Dieses Phänomen belegen auch Statistiken, die die Durchdringung von Sportarten in der Gesellschaft ermittelten. Billard rangiert dabei (kurz nach »Gott Fussball«) unter den am weitesten verbreiteten Sportarten überhaupt.
Das Karambolage-Billard geriet in Amerika bei dieser Entwicklung praktisch fast in Vergessenheit und ist heute dort nahezu von der Bildfläche verschwunden. In Europa – wo es oft irrtümlich immer noch als die ältere oder noblere Form des Billard angesehen wird – zog sich diese wunderbare Variante des Spieles mit Queue und Kugeln in die Szene der Herrenhäuser, Clubs und Kaffeehäuser zurück und wurde so das Spiel der Honoratioren. Leider muss man feststellen, dass der Weg in diese kleine, aber feine Überlebensnische mit dem Wegfall der Kaffeehäuser und Herrenclubs und dem stattfindenden Wandel der Gesellschaft so gut wie unumkehrbar zu sein scheint. Momentan steht sogar die Gefahr des Aussterbens dieser Billardvariante im Raum, da es nur noch einige Länder (Belgien, die Niederlande, Japan) gibt, wo die Zahl der Aktiven konstant bleibt oder sogar steigt. In Deutschland befindet sich das Spiel mit den drei Kugeln bedauerlicherweise ebenfalls in einem gefährlichen »Schrumpfungsprozess«.

Die Wiedergeburt

Die Renaissance des Sportes begann dann in unseren Breiten mit Sicherheit in England mit dem Snooker, das von englischen Offizieren im »Off-Club« in den Nilgiribergen in Indien erfunden worden war und 1885 von John Roberts nach England gebracht wurde. Bis zu diesem Zeitpunkt spielte man in England nur »Black Pool« – eine lokale Pool-Billardvariante mit einer schwarzen und 15 roten Kugeln, die es auch heute noch gibt. Das Spiel wurde durch die gelbe, grüne und pinkfarbene Kugel weitaus spannender gemacht — die blaue und die braune Kugel kamen allerdings erst später dazu (womit das heutige Snooker geboren war).
Der Name »Snooker« stammt wohl von Colonel Sir Neville Chamberlain: Er soll in Indien zu einem jungen Soldaten, der es nicht schaffte, eine direkt vor einem Loch befindliche Kugel zu versenken, gesagt haben: »You are a regular snooker.« Er bezog sich dabei darauf, dass junge Kadetten in ihrem ersten Jahr in der Royal Military Academy of Woolwich in England Snooker genannt wurden. Nachdem er den jungen Mann damit tröstete, dass »we all are snookers at this (new) game«, schlug er vor, das bislang namenlose Spiel einfach Snooker zu taufen – dabei blieb es bis heute.
In den Offizierscasinos des Commonwealth und dann auch bald in öffentlichen Sälen erfreute sich Snooker schnell großer Beliebtheit. Auch die Tatsache, dass einzig Snooker nicht mit in den Strudel des zwielichtigen Rufes geriet, dürfte in seiner engen Verquickung zum englisch-aristokratischen Umfeld der Offiziere und ihrer Clubs begründet sein. Man geht davon aus, dass ab 1930 Snooker in England dem Pool-Billard den Rang in Bezug auf Verbreitung und Zahl der Aktiven ablief. Der Aufstieg zur Fernsehsportart Nummer eins in England ist allerdings damit nicht zu erklären. Die Begründung scheint erneut deutlich profaner zu sein: Bei der Einführung des Farbfernsehens galt es, den Beweis anzutreten, dass es von Vorteil ist, die Bilder in bunt zu sehen. Die unterschiedlichen Farben der Kugeln im Snooker sind im Schwarz-Weiß-Fernsehen nur schwer zu unterscheiden. Es war also nahe liegend, diese Sportart kurzerhand zu einer »großen« Sportart mit hohen Preisgeldern und entsprechendem Medieninteresse aufzubauen. So lautet zumindest eine der gängigsten Erklärungen des englischen Snooker-Booms – sie scheint auch recht einleuchtend und schlüssig zu sein.
Pool-Billard erlebte seine große Wiedergeburt dann Jahre später durch einen Film: Paul Newman mimte in den 1950er Jahren in der Verfilmung von Walter Tavis Roman »The Hustler« (»Haie der Großstadt«) einen jungen Pool-Spieler. Der Film war durchaus erfolgreich, handelte es sich doch um die Charakterdarstellung eines Spielers mit all seinen Höhen und Tiefen und einem enormen Identifikationsgrad. Newman war ein Superstar, das Thema bewegte die Zuschauer – und Pool-Billard war wieder gefragt. 1985 drehte Martin Scorsese mit Newman und dem jungen Shooting-Star Tom Cruise die Fortsetzung des Filmes – erneut sehr frei nach Tavis – und landete mit »The Colour of Money« (»Die Farbe des Geldes«) einen Welterfolg. Auch in Europa wurde im Sog dieses Filmhits ein wahrer Pool-Billard-Boom

Paul Newman als Eddie Felson in »Die Farbe des Geldes« – der Film löste einen Billard-Boom aus.

ausgelöst: Billardhallen schossen aus dem Boden und der organisierte Vereinssport erhielt in Deutschland einen unglaublichen Auftrieb. Pool-Billard stellte plötzlich das Gros der organisierten Billardsportler in Europa und die Deutschen Spieler traten ihren Siegeszug an die Weltspitze an. Diesen Spitzenplatz haben sie seitdem zusammen mit den philippinischen und US-amerikanischen Sportlern inne.

In vielen Teilen der Welt – speziell in Asien und den USA – begann das Pool-Billard währenddessen seinen langsamen, aber unaufhaltsamen Aufstieg: In Amerika wurde Pool-Billard zum festen Bestandteil des täglichen Lebens (man spricht von Millionen privater Billardtische und noch deutlich mehr Spielgeräten in öffentlichen Billardhallen). Der schon immer vorhandene Turniersport entwickelte sich dabei fast automatisch weiter, sodass sich Billard als fester Programmpunkt vieler US-Sportsender (ESPN u. a.) etablierte. Popularität und Akzeptanz ergaben sich dabei qausi von selbst.

In Asien verlief die Entwicklung anders: Ausgehend von den Philippinen entwickelte sich

Pool-Billard zum Volkssport Nummer eins. Die Helden der Sportart eroberten die Spitze der Welt (bis heute gelten sie, wie bereits erwähnt, mit den Deutschen und den US-Amerikanern als das Non-Plus-Ultra des Pool-Billard). Der einhellig als bester Spieler der Welt bezeichnete Efren Reyes wurde u. a. zigfach philippinischer Sportler des Jahres. Der Boom schwappte von dort nach Japan über, wo bis dahin eher das Karambolage-Billard in einigen Kreisen der Gesellschaft recht verbreitet war. Dann gelangte die Pool-Euphorie nach Taiwan, das momentan das asiatische Mekka des Sportes sein dürfte: Billardhallen findet hier man wirklich überall und um eine Lizenz zu ihrem Betrieb zu erhalten, muss man einen »Haus-Pro« anstellen. Entsprechend entwickelt sich der Sport, sogar als Schulsport. Ein jugendlicher Doppelweltmeister namens Chia-Ching Wu (im 9-Ball mit 15 und im 8-Ball mit 16 Jahren) gilt dabei nur als Anfang der »asiatischen Bedrohung« im Billard.

Wie sieht die Zukunft aus?

Weltweit geht diese Entwicklung momentan rasant weiter: Selbst in England fängt Pool-Billard an, Snooker (wieder) den Rang abzulaufen. Die Zahl der öffentlichen Pool-Tische steigt unaufhaltsam und das Medieninteresse verlagert sich langsam.
Ende 2005 startete dann in den USA die IPT (International Pro Tour), eine Turnierserie, die im Billard alles bisher Dagewesene in den Schatten stellt und das fast schon verschwundene 8-Ball ins Interesse der Öffentlichkeit zurückholt.

Der kanadische Medienmogul Trudeau rief diese Tour ins Leben und vermarktet sie in einer im Billardsport einmaligen Art und Weise: Live-Übertragungen in unzählige Länder, nur die feinsten Spielorte mit unglaublichen Tischanzahlen, die ausschließlich für die Tour-Stopps aufgebaut werden, und exorbitante Preisgelder (bis zu 500 000 US-Dollar für Platz 1). Die Preisgelder sind es auch, die diese Events zu etwas Einmaligem im Sport allgemein machen: Noch nie wurde in irgendeiner Profi-Tour einer beliebigen Sportart den 100 Bestplatzierten ein Mindesteinkommen von 100 000 US-Dollar garantiert. Und genau das hat Trudeau für 2007 zugesagt und damit in der gesamten Sportwelt für erhebliches Aufsehen gesorgt. Falls diese Tour mit ihrem Medieninteresse bestehen bleibt, kann man zumindest im Hinblick auf Pool-Billard einer weiterhin positiven Entwicklung entgegensehen. Leider waren bisher nicht alle großen Turnierserien im Billardsport von langer Lebensdauer oder hervorragender Organisation geprägt. Wir wollen hoffen, dass es diesmal anders ist!
Der Erfolg der IPT zeigte selbst in Deutschland, wo der Billardsport eher ein mediales Nischendasein führt, Durchschlagskraft: Die Live-Übertragung des Endspiels von Thorsten Hohmann hatte immerhin dreimal so viele Zuschauer wie die Übertragung des Wimbledon-Finales desselben Jahres.
Zu guter Letzt ein Ausblick der besonderen Art: Auch eine Teilnahme der Sportart Billard an den Olympischen Spielen wird seit längerem diskutiert. Billard ist zwar bereits seit vielen Jahren eine olympische Sportart – es wird nur eben nicht ausgetragen. Aber was nicht ist, kann ja noch werden!

Seybert's
Billiard Supply
www.seyberts.com

Die Spielarten

Im Moment sind weltweit die Spielarten **Pool-Billard, Karambolage-Billard** (Karambol) und **Snooker** wohl mit Abstand am weitesten verbreitet. Andere Billardformen wie Kegelbillard oder Russische Pyramide finden sich nur lokal verbreitet und spielen daher im weltweiten Billardgeschehen – wenn überhaupt – nur eine untergeordnete Rolle. Bevor wir nun tiefer in die Materie einsteigen, sollten wir als Erstes die erwähnten drei Spielarten oder Disziplinen und ihre gebräuchlichsten Varianten unter die Lupe nehmen.

Im Allgemeinen können für obige Disziplinen folgende Regelungen im Billard als gültig bezeichnet werden:

- Der **Spielball** muss einen **Objektball** berühren (Ausnahme: Karambol).
- Nach der Karambolage mit dem Objektball muss ein Ball eine **Bande** anlaufen oder in eine Tasche versenkt werden.
- Kugeln dürfen die Spielfläche nicht verlassen (Lampe etc. gehören nicht zur Spielfläche, die Handauflage neben der Bande – der **Bandenspiegel** – dagegen schon).
- Bei Loch-Billards: Das Versenken der weißen Kugel ist immer ein **Foul.**

Ralf Souquet (»The Kaiser«), Jahrgang 1968: der Grandseigneur des deutschen Billardsports – einer der erfolgreichsten Billardspieler aller Zeiten und einer der nettesten noch dazu!

Pool-Billard und seine gebräuchlichen Varianten

Pool-Billard, oft auch Loch-Billard oder amerikanisches Billard genannt, wird auf der ganzen Welt in vielen Varianten gespielt. Am gebräuchlichsten dürften dabei die Spielformen 8-Ball, 9-Ball und 14/1endlos sein.

8-Ball

8-Ball ist die mit Abstand am weitesten verbreitete Variante des Pool-Billard. Gespielt wird mit allen 15 Kugeln: sieben voll farbigen Kugeln mit den Zahlen 1 bis 7, der schwarzen Kugel mit der Zahl 8 und sieben gestreiften (»halben«) Kugeln der Zahlen 9 bis 15. Zu Beginn des Spieles werden die 15 Kugeln in Form eines Dreiecks am Fußpunkt des Billardtischs aufgebaut. Die schwarze Acht muss dabei in der Mitte der dritten Kugelreihe von vorne aufgestellt werden (siehe Bild S. 22). Nach dem Anstoß werden den Spielern entweder die »Vollen« oder die »Halben« zugeordnet. Das kann – je nachdem, wo man gerade spielt – unterschiedlich vonstatten gehen. Zum Teil legt eine beim Anstoß gefallene Kugel die Kugelgruppe fest, meistens wählt der Spieler jedoch nach erfolgtem Anstoß selbst.

8-Ball ist ein Ansagespiel. Das bedeutet, dass der zu spielende Ball und das entsprechende Loch vor dem Stoß angesagt werden

Klassischer Aufbau im 8-Ball

müssen. Hat ein Spieler alle sieben Kugeln seiner Ballgruppe versenkt, muss er am Ende noch die schwarze Acht versenken, um zu gewinnen. Auch hier gibt es diverse Regeln: Mal muss die Acht in das Loch der letzten versenkten Kugel gespielt werden, teilweise kann sie auch wie jede andere Kugel frei angesagt werden (offizielle Regel).

9-Ball

Das 9-Ball ist von allen Pool-Billardvarianten die modernste. Lange Zeit war sie nicht oder nur kaum verbreitet und hielt erst mit den beginnenden Fernsehübertragungen Einzug ins offizielle Spielgeschehen, da diese Form weitaus explosiver und schneller ist als alle anderen Pool-Spiele.

9-Ball wird nur mit den Kugeln der Werte 1 bis 9 gespielt. Diese werden zu Beginn in Form einer Raute am Fußpunkt des Tisches aufgestellt. Dabei ist die gelbe Eins ganz vorne (im Bild hinten zu sehen) in der Raute, die gelb-weiße Neun in der Mitte der Raute zu platzieren.

Bei jedem Stoß muss nun der Spieler die Kugel mit dem kleinsten numerischen Wert als Erstes anspielen und dann diese oder eine andere Kugel versenken. Versenkt der Spieler also bereits beim Anstoß die Neun,

Die Raute eines 9-Ball-Aufbaus

so hat er gewonnen. Man nennt das einen »Vincent« (nach der gleichnamigen Figur im Film »Die Farbe des Geldes«, gespielt von Tom Cruise). Mehrere Jahre lang wurde die gesamte Turniersport-Szene vom 9-Ball beherrscht. Einige Sportler waren sogar in Sorge, diese Spielform würde alle anderen Pool-Billarddisziplinen ganz verdrängen. Langsam normalisiert sich die Lage aber wieder etwas – so werden auch im 8-Ball und 14/1endlos wieder Weltmeisterschaften ausgetragen und im 8-Ball häufen sich auch die internationalen Turniere.

Trotz seiner Popularität war 9-Ball stets umstritten, da es als das einzige »unsportliche« Billardspiel gilt: Man muss nicht mehr leisten (Kugeln versenken) als der Gegner, um zu gewinnen. Diese Diskussion tat der Popularität des 9-Ball allerdings keinen Abbruch.

9-Ball zeichnet sich durch aggressiveres Spiel und vor allem einen »sehenswerten« Anstoß aus, der zumeist mit absoluter Maximalgeschwindigkeit und entsprechend extremer Wucht bei gleichzeitig maximaler Kontrolle über den Spielball und die Kugel mit der 1 ausgeführt wird. Gerade dieser Anstoß machte das Spiel – zusammen mit den kurzen und relativ gut zu kalkulierenden Spielzeiten pro Spiel bzw. Satz – bei den Fernsehsendern so beliebt.

Die unglaubliche Dynamik eines 9-Ball-Breaks

Das 9-Ball-Break von oben. Gut zu sehen: die »fliegenden« Kugeln (weiß und Eins).

Einen solchen »Extremanstoß« unseres Bundesligaspielers kann man in der oben stehenden Bilderfolge begutachten. Dabei sollte auf das »Explodieren« der Ballraute in Bild 3 und das Steigen des Spielballs in Bild 2 und 3 geachtet werden. Bild 4 zeigt noch einmal das Explodieren der Kugeln beim Anstoß, wobei man gut erkennen kann, dass sich sowohl die Spielkugel als auch Ball 1 (gelb) zum Zeitpunkt der Aufnahme in der Luft befinden.
Top-Spieler verbringen verständlicherweise viel Trainingszeit mit der Kultivierung ihres Anstoßes.

14/1endlos

14/1endlos wird oft als die Königsdisziplin des Pool-Billard bezeichnet. Der etwas seltsam anmutende Name des Spieles erklärt allerdings recht genau, um was es dabei eigentlich geht:

Gespielt wird mit allen 15 farbigen Kugeln, die zu Beginn des Spieles als Dreieck am Fußpunkt des Tisches aufgebaut werden. Jeder versenkte Ball zählt nun einen Punkt, wobei – wie beim 8-Ball – sowohl der zu versenkende Ball als auch das angezielte Loch angesagt werden müssen. Auf diese Weise werden nun 14 der 15 farbigen Kugeln in beliebiger Reihenfolge versenkt. Die 15. Kugel und der weiße Spielball bleiben dann unverändert stehen, während der Rest der farbigen Bälle in Form eines Dreiecks ohne Spitze erneut am Fußpunkt aufgebaut wird. Nun kann das Spiel fortgesetzt werden, wobei es natürlich sinnvoll ist, mit dem Versenken des 15. Balles das Dreieck der verbleibenden Kugeln zu lösen, um weitere versenkbare Kugeln zu erhalten (aus dem geschlossenen Dreieck ist es fast unmöglich oder zumindest sehr unsicher, Kugeln in spezielle Löcher anzusagen). Das unten stehende Bild zeigt einen sogenannten Standard-Breakball – also eine beliebte Situation, um das Spiel perfekt fortsetzen zu können. Der Spielball wird bei diesem Stoß automatisch das Dreieck treffen und es komplett öffnen, nachdem die rot-weiße Elf in das Eckloch versenkt worden ist.

Das Spiel wird auf Distanzen von 75 bis 150 Kugeln gespielt und ist ein wahrer Prüfstein der Konzentrationsfähigkeit der Spieler. Insofern ist der Ausdruck »Königsdisziplin« wohl auch gerechtfertigt.

Von der reinen technischen Schwierigkeit her betrachtet ist das 14/1 eigentlich die leichteste Spielart – beim 8-Ball muss in der Regel das Stellungsspiel genauer sein und im 9-Ball sind die Wege, auf denen die weiße Kugel bewegt werden muss, oft um ein Vielfaches schwerer.

Eine Standardsituation im 14/1endlos

Karambolage-Billard und seine gebräuchlichen Varianten

Wie im Pool-Billard gibt es beim Karambolage- oder Französischen Billard viele verschiedene Spielformen, die noch dazu auf zwei unterschiedlich großen Billardtischen praktiziert werden (siehe Kapitel »Das Spielmaterial«, S. 29 ff.).

Hier wollen wir nur zwei der vielen Spielarten kurz beleuchten, da es sich um die am weitesten verbreiteten handelt: die freie Partie und das Dreiband.

Freie Partie

Die Freie Partie ist die Urform des Karambolage-Billard, bei dem einfach »nur« der Spielball die beiden anderen Kugeln berühren muss. In der Entstehungsgeschichte dieser Disziplin wurden unglaublich viele Punkte in einer Serie erreicht, indem die Spieler die Kugeln in einem Eck des Tisches zusammentrieben und dann Punkt für Punkt spielten. Das ist natürlich nicht im Sinn des Spieles, weswegen es im modernen Karambolage-Billard in der Freien Partie sogenannte **Eckabstriche** gibt – Bereiche in den Ecken der Spielfläche, in denen keine Karambolagen ausgeführt werden dürfen.
Die Besonderheit liegt in der Freien Partie dennoch in den teilweise enorm hohen gespielten **Serien** (mehrere Hundert fehlerfreie Karambolagen am Stück). Ermöglicht wird das vor allem durch die sogenannte **Treibserie** (auch »Amerikanische Serie« bzw. »Amerika« genannt). Zwei der drei Bälle liegen nahe oder an der Bande und der Spielball wird dicht davor im Spielfeld in Position gehalten. Äußerst leicht werden nun die beiden Kugeln mit dem Spielball berührt und dieser zurück in seine Ausgangsposition gebracht, wobei sich die beiden Objektbälle idealerweise kaum bewegen. Auf diese Weise können erfahrene Spieler die erwähnten hohen Serien spielen – auch wenn sie sich heute von den Eckabstrichen fern halten und deswegen die Richtung der Treibserie mehrfach ändern oder an den Abstrichlinien entlang arbeiten müssen.

Dreiband

Das Dreiband-Billard ist mit Sicherheit die Königin unter den Karambolage-Spielarten und die bekannteste Spielform noch dazu. Die Grundaufgabe bleibt die gleiche wie in der Freien Partie: Der Spielball muss die beiden anderen Kugeln berühren. Diesmal muss der Spielball allerdings bis zum Kontakt mit dem zweiten Objektball (»Ball Drei«) mindestens drei Bandenkontakte haben. Dabei ist es unerheblich, wann der Spielball welche Bande anläuft. Der Spielball (»Ball Eins«) kann also dreimal eine Bande anlaufen und dann erst die beiden anderen Bälle berühren (selbst dreimal dieselbe ist möglich), ebenso kann er zuerst Ball Zwei treffen, dann dreimal an beliebige Banden laufen und anschließend Ball Drei berühren. Es ist natürlich auch erlaubt – oft sogar nötig –, mehr als drei Bandenkontakte zu realisieren.
Dieses Unterfangen liest sich deutlich leichter, als es in Wirklichkeit ist, da bei mehreren Metern Laufweg des Spielballs ein ca. sechs

Zentimeter großes Ziel sehr leicht verfehlt werden kann. Wenn man einmal die Gelegenheit hat, eine Partie Dreiband der Weltspitze zu beobachten, wird man auch feststellen, dass dies sehr oft der Fall ist und Serien von zehn oder mehr Punkten in Folge äußerst selten sind.
Im Karambolage-Billard werden die durchschnittlichen Punkte pro Versuch eines Spielers erfasst und es ist schon durchaus nationale Spitze, einen **GD** (»Generaldurchschnitt«) von 1,0 zu erreichen.

Snooker

Snooker ist die Billarddisziplin, in der eigentlich nur eine einzige Variante gespielt wird. Die Regeln dieser einen Spielart sind daher relativ eindeutig und durch die häufigen Fernsehübertragungen inzwischen auch recht gut publiziert.
Auf dem Snooker-Tisch befinden sich in Dreiecksform aufgebaut 15 rote Kugeln und insgesamt sechs farbige Bälle: im »D« (also am Pool-Tisch etwa in der Mitte der Kopflinie) befinden sich je eine grüne, braune und gelbe Kugel. Die Reihenfolge gibt der englische Spruch »**G**od **B**less **Y**ou« vor (green, brown, yellow). In der Mitte des Tisches liegt ein blauer Ball (auf dem »center spot«), kurz vor dem Dreieck der roten Kugeln der pinkfarbene Ball (auf dem »pyramid spot«) und hinter dem Dreieck der schwarze Ball auf dem »spot«. Der pinkfarbene Ball wird dabei so aufgestellt, dass er in keines der beiden Ecklöcher direkt versenkt werden kann, und außerdem darf er dabei das Dreieck nicht berühren.

Die Wertigkeit der Kugeln ist: rot 1 Punkt und die farbigen von 2 bis 7 Punkte ansteigend (gelb 2, grün 3, braun 4, blau 5, pink 6 und schwarz 7 Punkte).
Das Spiel ist nun recht einfach erklärt: Es muss immer abwechselnd ein roter und ein farbiger Ball versenkt werden, wobei die farbigen Kugeln so lange auf den Tisch zurückgelegt (»respottet«) werden, bis keine roten Bälle mehr am Tisch sind. Erst dann werden die farbigen Bälle ihrer Wertigkeit nach versenkt und bleiben auch in den Taschen liegen. Dieser Teil des Spieles heißt auch **»Endspiel auf die farbigen Bälle«**.
Die Spieler müssen ihre Aufnahme immer mit dem kleinsten Wert am Tisch (also in der Regel mit einem roten Ball) beginnen.
Im Snooker sind regulär maximal 147 Punkte in einem Spiel möglich, was **»Maximum Break«** genannt wird und entsprechend selten vorkommt ($15 \times (1 + 7) + 2 + 3 + 4 + 5 + 6 + 7 = 147$).
Es ist also im Snooker zu jedem Zeitpunkt des Spieles möglich zu errechnen, wie viele Punkte sich maximal noch am Tisch befinden (Rest der Roten mal 8 plus 27), sodass das Spiel beendet werden kann, wenn ein Gegner nicht mehr in der Lage ist zu gewinnen.
Fouls werden im Snooker mit Minuspunkten bestraft (mindestens 4 Punkte oder dem Wert des beteiligten Balles, falls dieser größer als vier ist), was dazu führt, dass man in Fernsehübertragungen oft zu hören bekommt: »Jetzt bräuchte er schon Snooker ...« Das soll zum Ausdruck bringen, dass die restlichen Punkte am Tisch nicht mehr ausreichen würden, um aus eigner Kraft zu gewinnen, und der Spieler den Gegner zu einem Foul zwingen müsste.

Clash Competition
aramith
www.loontjens.com

Das Spielmaterial

Die Tische

Billardtische sind bekanntlich recht große Möbelstücke, weswegen es auch in Mitteleuropa eher unüblich ist, privat einen Billardtisch zu haben. In den USA, wo der durchschnittlich zur Verfügung stehende Wohnraum deutlich größer ist, sieht die Sache schon etwas anders aus: Man spricht von privaten Billardtischen im siebenstelligen Bereich ...
Wie bereits in der Historie (siehe dazu auch S. 12 ff.) beleuchtet wurde, verlagerte sich die Produktion der Billardtische gegen Mitte des 19. Jahrhunderts endgültig von der Möbelindustrie zu den reinen Spezialisten für Billardtische. Der Exilschweizer John Brunswick nimmt hier – zumindest im Bereich der Pool-Billardtische – einen besonderen Stellenwert ein.
Grundsätzlich sind alle Billardtische gleich aufgebaut: Auf einem sehr stabilen Rahmen aus Hartholz oder mittlerweile auch Metall ruhen eine oder mehrere Schieferplatten, die mit Hilfe von Keilen oder Einstellschrauben ausgerichtet werden können.
Das Laufverhalten der Kugeln wird sehr stark von der Dicke der Schieferplatte(n) beeinflusst (je dicker die Platte, desto stabiler

Deutsche Meisterschaft 2006 im Maritim Hotel Bad Wildungen: ein Teil des Pool-Billardsaals

der gesamte Tisch und desto geringer die Schwingungen des Systems). Dabei wird vor allem in den Kunststoßdisziplinen mit enormen Plattendicken (bis zu sechs Zentimeter) gearbeitet.
Eine einteilige Platte wäre zum Spielen natürlich ideal, aus Gründen des Transportes, der Herstellung und auch der Montage (Gewicht!) teilt man die Spielflächen allerdings meistens in zwei oder drei Teile, die dann miteinander verzapft und verspachtelt werden.
Im Pool-Billard kommen in der Regel drei Plattenteile mit einer Standarddicke von 1,0 Inch (2,54 Zentimeter) zum Einsatz, wobei auch hier Tische mit dickeren Platten (bis 3,9 Zentimeter) erhältlich sind – eine Investition, die man sich durchaus überlegen sollte. Im Karambolage sind immer noch Tische mit einer zweiteiligen Platte zu finden, wobei hier die Standarddicken im Bereich von vier Zentimeter und darüber liegen. Das kann das Aufstellen eines solchen Tisches zum personalaufwändigen Abenteuer machen. Auch hier halten die mehrteiligen Platten vermehrt Einzug.
Die Besonderheit ist aufgrund seiner Größe der Snooker-Tisch: Hier findet man oft fünf oder sechs Plattenstücke mit einer Dicke von 4,5 Zentimeter und mehr.
Billardtische mit Platten aus Holz oder ähnlichem Material sind reine Freizeitgeräte und können auf keinen Fall den Ansprüchen des sportlichen Billard gerecht werden!
Das Billardtuch wird bei den meisten professionellen Modellen nicht auf die Rückseite der Platten geklebt, sondern mit Klammern auf Holzleisten unterhalb der Platten geschossen. Die Banden werden auf der Oberseite verdeckt gekeilt und auf der Unterseite ebenfalls mit Klammer befestigt.
Das Beziehen eines Billardtischs sollte nur von Spezialisten durchgeführt werden, da hier naturgemäß enormer Einfluss auf das Spielverhalten der Tische genommen werden kann.
Im Snooker-Bereich ist der **»Fitter«**, also der Mann, der die Tische bezieht und wartet, sogar ein Lehrberuf!

Wenn man sich einen Billardtisch anschaffen möchte

Wenn sich ein ambitionierter Billardspieler mit der Anschaffung eines eigenen Billardtischs beschäftigt, so sollte er sich zuallererst mit einigen »limitierenden« Faktoren beschäftigen:

- die benötigte Größe des Raumes,
- die Kosten und die Folgekosten der Anschaffung,
- das Gewicht des Tisches,
- die entstehende Geräuschkulisse beim Billardspiel.

Die letztgenannten beiden Punkte sind dabei am einfachsten zu behandeln:

Das Gewicht

- Der leichteste Billardtisch ist ein Pool-Tisch. Ein Turniertisch wiegt je nach Plattendicke und Bauart zwischen 450 und 800 Kilogramm.
- Ein Karambolagetisch rangiert in etwa im gleichen Bereich, kann aber auch die 1000-Kilogramm-Grenze überschreiten.
- Der Snooker-Tisch ist eigentlich nur im Bereich jenseits dieser magischen Marke zu finden.

Besonderes Augenmerk verdient im Hinblick auf Gewichtsbelastungen noch eine spezielle

Größe: Bei einem Kopfstoß kann es zu Schubbelastungen im Bereich von zwei Tonnen pro Quadratmeter (t/m^2) kommen. Das klingt sehr hoch, ist allerdings nur dann eklatant, wenn der Tisch auf einer Fußbodenheizung mit sehr dünnem Estrich stehen soll. Ansonsten halten Böden, die einem Billardtisch standhalten, in der Regel auch den Spielbetrieb aus. Das gilt auch oder speziell für Holzböden, deren einziger Nachteil es sein kann, dass sich die Kugeln auf dem Tisch bewegen, wenn man um den Tisch geht. Durch das Installieren von Nut-und-Feder-verzahnten Bodenlegplatten aus Pressspan oder ähnlichem Material kann dieser Effekt vermieden und gleichzeitig die gleichmäßige Lastverteilung auf dem Fußboden gewährleistet bzw. verbessert werden. Auch das Einbringen einer Geräuschdämmung in einem solchen nachträglichen Fußbodenaufbau ist denkbar. Damit sind wir schon beim nächsten limitierenden Faktor, den es zu betrachten gilt:

Die Geräuschkulisse

Ein Billardtisch kann den Hausfrieden – um ehrlich zu sein – schon erheblich beeinflussen. Was in einer Billardhalle so gut wie gar nicht auffällt, ist die Tatsache, dass sich das Rollen der Kugeln auf dem Tisch über Böden und Wände unglaublich übertragen kann. Ein Billardtisch mit Kugelrücklauf verstärkt dieses Phänomen noch durch das Geräusch der Bälle in den Rücklaufbahnen.
Leider kann man die Übertragung dieser Geräusche über Böden und Wände nur durch das »Entkoppeln« der Boden-Wand-Systeme fast völlig unterbinden. Wenn in der Bauphase allerdings beim Trennen des Estriches von den Wänden durch unsauberes Arbeiten Schallbrücken entstanden sein sollten, sind größere Ein- und Umbauten von Nöten, um diese Geräuschtrennung zu realisieren. Die Hilfe von Spezialisten ist dann so gut wie unumgänglich.
In einem gut gefertigten Haus kann durch das Einbringen von schallisolierenden Maßnahmen (Trittschalldämmung an Boden und Decke sowie leichte Isolierung der Wände) bereits ein enormer Erfolg erzielt werden.

TIPP

Mit dem Rollen einer schweren Metallkugel oder eines Metallrohres auf dem rohen Boden (ohne Teppich o.Ä.) kann man übrigens einen halbwegs brauchbaren Test zur Geräuschbelästigung durchführen!

Abends sollten dann die Fenster des Billardraums geschlossen bleiben – dann steht dem ungetrübten Spielvergnügen selbst in einem Mietshaus nichts mehr im Weg!
Darüber hinaus schadet es natürlich nie, die skeptischen Nachbarn einfach hin und wieder in die private Billardanlage einzuladen, vielleicht sogar zur feierlichen Eröffnung?
Zu guter Letzt sei noch erwähnt, dass das oft befürchtete »Krachen« des Anstoßes im Pool-Billard erstaunlicherweise eher das am wenigsten störende Geräusch ist. Es lässt sich auch am einfachsten mit den oben beschriebenen schalldämmenden Maßnahmen beseitigen.

Die Kosten

Die Preise für gute Billardtische liegen leider im durchaus gehobenen Bereich: Ein brauch-

barer 9'-Pool-Billardtisch (' = ft = engl. Maßeinheit Fuß; 1 ft = 30,48 cm) kostet neu mit Kugeln und »Accessoires« auf jeden Fall über 3000 Euro. Auch gebrauchte Tische finden sich in gutem Zustand oft erst im vierstelligen Eurobereich. Zusätzlich müssen solche Tische oft noch renoviert oder zumindest neu bezogen werden.
Gute Karambolagetische rangieren im Preis entsprechend ein gutes Stück über den Pool-Tischen und Snooker-Tische können schon ein kleines Vermögen verschlingen. Es fällt allerdings auf, dass gerade Karambolage- und Snooker-Tische gebraucht relativ preiswert und oft in hervorragendem Zustand zu bekommen sind. Das liegt in der Tatsache begründet, dass sie momentan leider aus vielen Billardsportanlagen verschwinden und wegen zu geringer Auslastung verkauft werden müssen. Hier lohnt es sich durchaus, intensiv zu suchen und auch lange Transportwege in Kauf zu nehmen.

Die Folgekosten

Die Folgekosten eines Billardtischs sind dagegen vergleichsweise überschaubar: Bei privatem Gebrauch reicht es völlig aus, den Tisch alle zwei bis drei Jahre neu beziehen zu lassen. Die Kosten für den Neubezug steigern sich dabei vom Pool-Tisch (350 Euro) über den Karambolage- (450 Euro) bis hin zum Snooker-Tisch (650 Euro). Alle 10 bis 15 Jahre kann es zusätzlich noch nötig werden, die Bandengummis zu erneuern. Das ist zwar eine deutlich teurere Reparatur, die aufgrund ihrer Seltenheit allerdings auch nicht gefürchtet werden muss.
Besondere Folgekosten entstehen beim Karambolage-Billard, wo die Platten des Tisches beheizt werden. Eine solche Tischheizung verschlingt zwar keine enormen Strommengen, fällt allerdings schon ein wenig ins Gewicht. Speziell Billards mit dicken Platten müssen bereits lange Zeit vor dem eigentlichen Spiel beheizt werden – vielerorts laufen die Tischheizungen sogar permanent oder zumindest mittels Zeitsteuerung den halben Tag.
Das Heizen der Billardtische dient zur Regulation bzw. Vermeidung der Feuchtigkeit im Tuch. Nur so ist es möglich, die langen Laufwege und das benötigte Spielverhalten der Kugeln im Karambolage zu erreichen.

Der Platzbedarf

Im Hinblick auf den Platzbedarf ist die Festlegung der benötigten Raumhöhe am einfachsten:
Geht man von einer Spielflächenhöhe von 85 Zentimeter und einer Queue-Länge von 145 Zentimeter aus, so ergibt sich (mit genügend Platz, um bei einem Kopfstoß auch noch ausholen zu können) eine lichte Deckenhöhe von etwa 245 Zentimeter (85 + 145 + 10 = 240).
Die lichten Maße des benötigen Raumes errechnen sich entsprechend: Außenmaß des Billardtischs plus zweimal ein Queue von 145 Zentimeter. Das Mindestmaß des Raumes ist die Spielfläche des Billards (bei 9'-Pool also 254 x 127 Zentimeter) plus zweimal 150 Zentimeter (Queue-Länge plus ein bisschen Platz zum Ausholen an der Bande). Es ergibt sich also ein absolutes Mindestmass von 554 mal 427 Zentimeter. Ein solcher Raum wird allerdings nicht sonderlich einladend sein, da Stühle und anderes »Beiwerk« ja bereits stören würden. Als optimale

Raumgröße für einen 9'-Turniertisch ergeben sich somit 6 mal 5 Metern mit einer Deckenhöhe von 2,5 Metern.
Hier nun eine Tabelle, die den Platzbedarf der einzelnen Billardtische sowie einige andere Werte auflistet. Die angegebenen Maße entstammen soweit möglich dem Normenkatalog der DBU (Deutsche Billard Union) und beschreiben somit zugelassene Sportgeräte.

Der Platzbedarf eines Billardtischs (Mindestbedarf und Idealmaß)

		Pool	**Snooker**	**Karambol**
Größen	Außenmaß	244 x 132 cm (8 ft) 274 x 147 cm (9 ft)	366 x 190 cm (12 ft)	keine Angabe
	Spielfeld	224 x 112 cm (8 ft) 254 x 127 cm (9 ft)	350 x 175 cm (12 ft)	210,0 x 105,0 cm (kleines Billard) 230,0 x 115,0 cm (Halbmatchbillard) 284,5 x 142,5 cm (Matchbillard)
	Toleranz	± 5 ‰	± 3 mm	keine Angabe
	Höhe	75 – 85 cm bis zur Platte	85 – 87,5 cm bis zur Bandenoberkante	75 – 80 cm bis zur Rahmenoberkante
	Gewicht	300 kg Minimum (8 ft) 350 kg Minimum (9 ft)	keine Angabe	ca. 650 kg (kleines Billard) ca. 850 kg (Halbmatchbillard) ca. 1100 kg (Matchbillard)
	Bandenspiegel	mindestens 100 mm	keine Angabe	125 mm ± 10 mm
	Plattendicke	mindestens 25 mm	keine Angabe	mindestens 45 mm
Sonstiges	Tuch	Kammgarn der Marke Simonis (in der Regel Typ 760 oder 860)	Wolltuch mit Strich (Nap), der in Richtung Kopfbande gebügelt werden muss	Kammgarn (Standardqualität) oder Wolltuch (extra roulant)
	Temperatur	18 °C im Raum	18 °C im Raum	25 – 28 °C auf dem Tuch

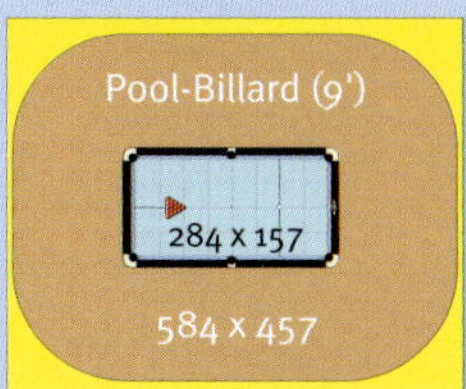

600 x 500

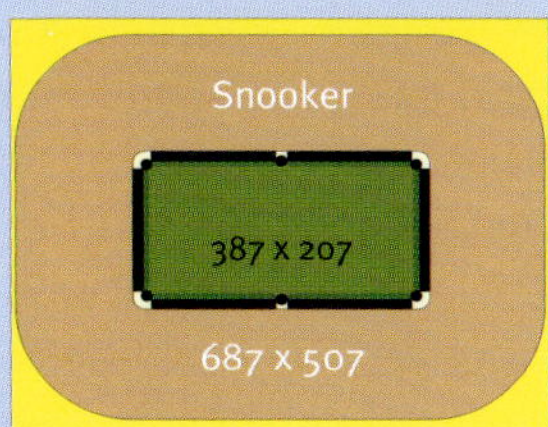

700 x 550

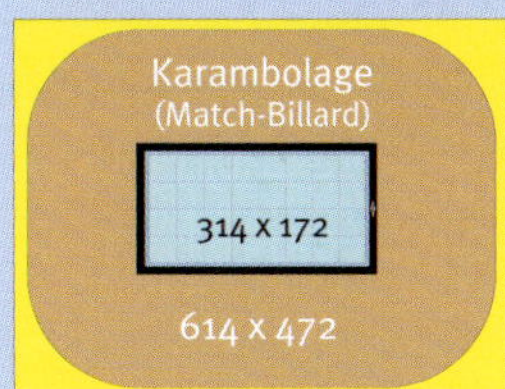

650 x 500

Spielbälle für Snooker, Pool und Karambolage (von links nach rechts)

Die Kugeln

Die Entwicklung des »künstlichen Elfenbeins« durch Wesley Hyatt 1869 wurde bereits erwähnt. Moderne Billardkugeln werden aus einem Kunststoff namens Aramith gefertigt. Der gleichnamige Hersteller von Billardkugeln verdankt also seinen Namen dem Material und nicht umgekehrt, wie oft vermutet wird.

Die Zeit der Billardkugeln aus Elfenbein ist längst vorbei. Selbst im Artistique-Billard, wo lange Zeit noch mit einer Elfenbeinkugel gespielt worden ist, wurden die Figurenprogramme mittlerweile so verändert, dass sie auch mit handelsüblichen Billardkugeln ausgeführt werden können.

Es muss an dieser Stelle erwähnt werden, dass Elfenbeinkugeln im Billardsport fast nur Nachteile haben: Die Gewichtsverteilung in einer Kugel aus Elfenbein (natürlich gewachsen) ist so gut wie nie ideal, die Kugeln sind sehr anfällig (z. B. auf Temperaturschwankungen) und bei Weitem nicht so haltbar wie Kunststoffbälle. Die Spieler waren über die Einführung der modernen Kugelvarianten also sehr froh und nicht – wie irrtümlich oft zu hören ist – darauf versessen, weiter mit Kugeln aus Elfenbein zu spielen.

Jede Billarddisziplin hat ihre eigenen Kugelsätze, speziell was ihren Durchmesser angeht. Im oben stehenden Bild sind von links nach rechts die Kugeln der Spielarten Snoo-

ker, Pool und Karambolage nebeneinander zu sehen. Der Größenunterschied ist gut zu erkennen (Snooker: 52,5 Millimeter; Pool: 2 1/4 Inch (57,2 Millimeter); Karambolage: 61,5 Millimeter).
Es fällt auch auf, dass die Karambolage- und Pool-Spielkugel mit roten Punkten ausgestattet sind. Diese despektierlich »Masern-Bälle« genannten Kugeln gehören zur neuesten Generation von Spielkugeln, die speziell zum Einsatz bei Fernsehübertragungen konzipiert wurden. Mit Hilfe der Punkte soll dem Zuschauer die Rotation der Bälle verdeutlicht werden, was auch erstaunlich gut gelingt. Mittlerweile erfreuen sich diese Bälle solcher Beliebtheit, dass sie im Turniergeschehen schon fast als Standard bezeichnet werden können und in der Deutschen Pool-Billard Bundesliga seit der Saison 2006/2007 sogar vorgeschrieben sind.
Wie man an folgendem Bild, das den modernsten Kugelsatz dem bereits bekannten »historischen« Kugelsatz gegenüberstellt, unschwer erkennen kann, hat sich allerdings noch mehr als nur der weiße Ball verändert: Die Farben der Kugeln wurden modifiziert, Pink und Braun mit ins Programm aufgenommen, was natürlich ebenfalls der Unterscheidbarkeit der Kugeln im Fernsehbild dienen soll.

Historie trifft Moderne – Pool-Kugeln

Richtig zur Geltung kommt der Effekt der Kugelfarben natürlich nur auf kontrastreichem Hintergrund, womit nun endlich die Frage nach der seltsamen Tuchfarbe auf den Fotografien in diesem Buch geklärt werden kann: Es handelt sich um Billardtuch der Marke Simonis (Typ 860) im Farbton »powderblue«, dem momentan aktuellen offiziellen Billardtuch für Fernsehübertragungen. Zusammen mit den Kugeln (Fersehsatz) dürfte das derzeit der Ausrüstungsstandard im Pool-Billardspitzensport sein.
Im Karambolage wird eher auf einem Tuch der Farbe »royal blue«, einem dunkleren Blauton, gespielt.
Bis auf Snooker ist der »Sport am grünen Tisch« also mittlerweile eher zum »Sport am blauen Tisch« mutiert.
Überhaupt ist der Snooker-Sport, was seine Ausrüstung angeht, mit Abstand der beständigste – manch einer würde es eventuell sogar konservativ nennen. All die Jahre, seit der Einführung der letzten farbigen Bälle, hat sich am Equipment so gut wie nichts mehr verändert. Es gibt zwar mittlerweile auch einen **»Masern-Satz«** im Snooker, der sich allerdings nur langsam durchsetzen kann und bei dem auch keine Farben ersetzt worden sind.
Im Gegensatz dazu hat sich das Material im (als eher konservativ angesehenen) Karambolage-Sport in den letzten Jahren deutlich verändert: Hier wurde in früheren Zeiten mit einem roten Objektball und zwei weißen Spielbällen auf ausschließlich grünem Tuch gespielt. Einer der beiden Spielbälle hatte zur Unterscheidung eine Markierung (meist einen kleinen Punkt oder Kringel), da die beiden Spieler ja »ihren« Spielball identifizieren mussten. Hier hat sich ähnlich viel verändert wie im Pool-Billard: Neben der Einführung dunkelblauer Tücher wurde einer der beiden weißen Spielbälle durch einen gelben Ball ersetzt. Dies ermöglichte dem Publikum ebenfalls das Unterscheiden der beiden Spielkugeln. Mittlerweile tragen sowohl der weiße als auch der gelbe Spielball die aus dem Pool-Billard bekannten »Masern«, um auch hier die Bewegungen der Bälle zu visualisieren.
Hin und wieder wird im Karambolage-Sport auch noch mit einem zusätzlichen blauen Ball gespielt. Dieser dient aber nur dazu, das Spiel einfacher zu gestalten (vier Kugeln heißt drei mögliche Bälle für zwei Karambolage) oder für mehrere Spieler möglich zu machen (dritter Spielball). Man spricht hier auch vom »Zigeuner-Billard«.

Das Queue

Die Herkunft der Billard-Queues vom Krocket wurde auf S. 12 schon vorgestellt und die Verwandlung über Stöcke mit abgeflachten Enden zu ihrer heutigen Form ebenfalls. Wenn man nun die Zeit nach dem 18. Jahrhundert – also nach der offiziellen Erlaubnis, das Queue mit dem dünnen Ende zu benutzen – betrachtet, beginnt die Ära der ersten Queue-Bauer (Cuemaker).

Berühmte Queue-Bauer

Hier sollten vor allem die Herren George Britner und Herman Rambow Erwähnung finden. Britner arbeitete in einem Elfenbein verarbeitenden Betrieb und kaufte sich 1850 sein erstes eigenes Elfenbein, um Billardkugeln daraus herzustellen. In den folgenden Jahren galt er bald als einer der Besten und selbst die Profis der damaligen Zeit kauften bei ihm ein. 1878 begann er, in Chicago bei Brunswick zu arbeiten, und galt schnell als einer der besten Drechsler seiner Zeit, da er traditionelles Handwerk mit neuestem Wissen und modernster Technik kombinieren konnte. Bei Brunswick fertigte er die ersten Billard-Queues und gab ab 1894 sein Wissen an Herman Rambow weiter, der dort im Alter von 14 Jahren seine Lehre begonnen hatte. 1897 fing Brunswick damit an, Queues auch individuell nach Kundenwunsch zu bauen, und Rambow wurde der beliebteste Cuemaker der damaligen Zeit. Durch seine enge Zusammenarbeit mit den damaligen Billardmeistern gelang es ihm, die Queues stetig zu verbessern. 1925 lies er es sich patentieren, das Queue an seinem natürlichen Balancepunkt zu teilen. Dadurch wurde er von der verwendeten Holzart unabhängiger und konnte auch einheimische Hölzer verarbeiten. Noch heute sind alle Queues geteilt – wobei im Pool- und Karambolage-Billard heutzutage die Teilung in der Mitte des Queues durchgeführt und die Balance über Gewichte hergestellt wird. 1927 wurde Rambow Chefvorarbeiter der Queue-Produktion von Brunswick und ging als Meister seines Faches 1950 in Ruhestand. Er durfte als besonderen Dank den Großteil seines Werkzeugs mitnehmen und blieb auch im Ruhestand als Cuemaker aktiv. So fertigte er 1960 die Queues für den Film »Die Haie der Großstadt«. 1967 starb Herman Rambow und wurde ein Jahr später als damals einziger Queue-Bauer in die »Hall of Fame« des Billardsports aufgenommen. Seine Entwicklungen und Designs sind noch heute richtungweisend bei der Herstellung von Billard-Queues.

Der Aufbau eines Queues

Die unten stehende Grafik soll Ihnen die einzelnen Teile eines Billard-Queues und die entsprechenden Namen oder Bezeichnungen verdeutlichen.

Queue und die Nomenklatur seiner Teile

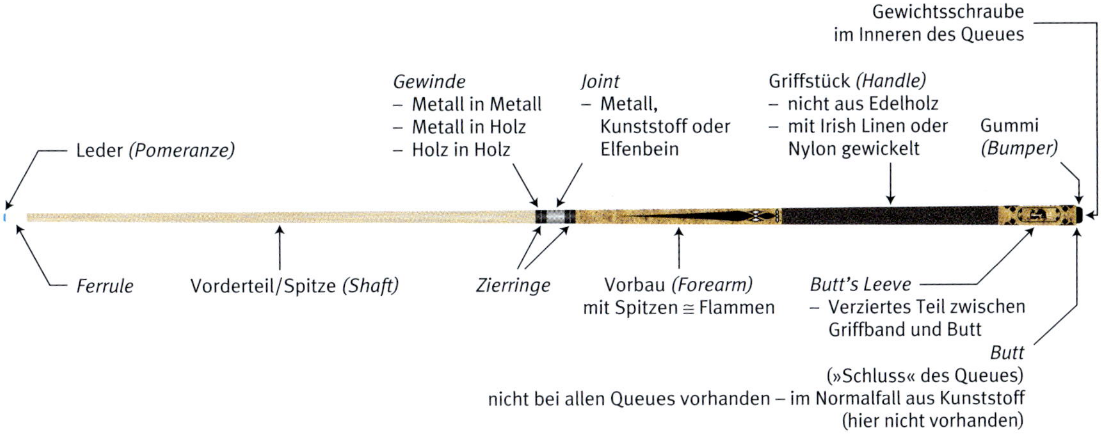

Die Queues der einzelnen Spielarten können relativ leicht unterschieden werden: Pool- und Karambolage-Queues sind mittig geteilt, Snooker-Queues haben standardmäßig eine 1:3-Teilung.
Während die Snooker- und die Karambolage-Queues eher schlicht sind und ohne Verzierungen auskommen, werden Pool-Queues in der Regel reich verziert und mit vielen Einlegearbeiten versehen.

Unterschiede zwischen den Queues

Die Tabelle auf der folgenden Seite soll die primären Unterschiede der verschiedenen Queues gegenüberstellen:

Zwei Pool-Billard-Queues

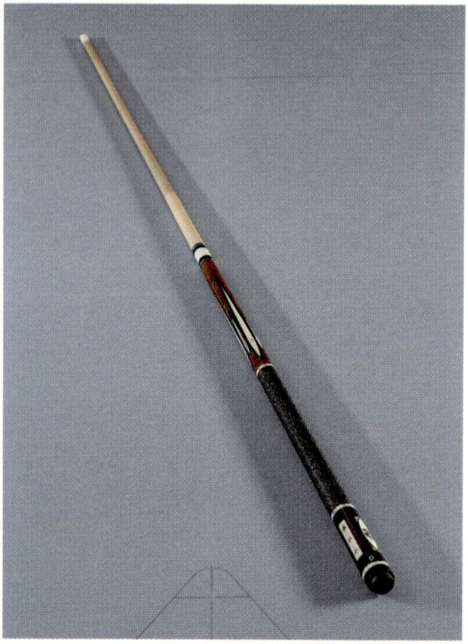

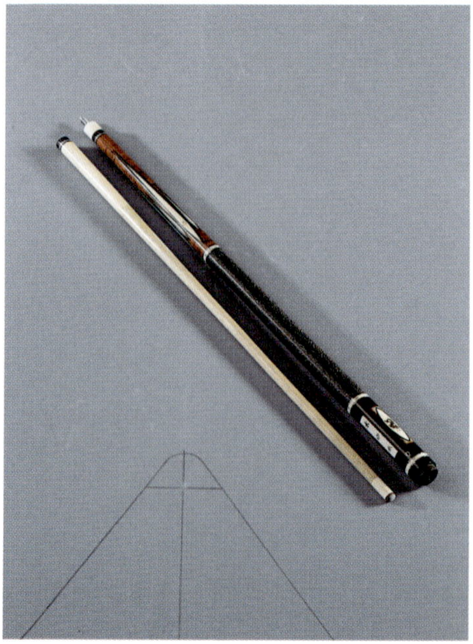

	Pool	Snooker	Karambol
Länge	1,46 – 1,5 m	> 0,91 m/ca. 1,4 m	1,37 – 1,4 m
Gewicht	16 – 25 oz 450 – 700 g	ca. 17 oz ca. 480 g	460 – 520 g (Freie Partie: Cadre und Einband maximal 500 g; Dreiband: mindestens 500 g)
Ferrule	ca. 2 cm aus Kunststoff oder Elfenbein	unter 1 cm aus Messing	ca. 1 cm aus Elfenbein
Pomeranze	∅ 11 – 13 mm	∅ 9 – 10 mm	∅ 10,5 – 12 mm (Freie Partie: Cadre und Einband ∅ 10,5 – 11 mm; Dreiband: ∅ 11 – 12 mm)
Gewinde	Metall in Metall oder Metall in Holz	Metall in Metall mit zwei Metallkrägen an Ober- und Unterteil	Holz in Holz mit dem Gewinde im Oberteil
Einlagen	viele Einlagen jeder Form in der Regel 3-, 5- oder 7-flammig	kaum Einlagen; wenn doch, dann runde Flammen	keine oder kaum Einlagen
Ausarbeitung	Parallelschaft-Queue erst zylindrisch, dann konisch	konisch	konisch
Material	Vogelaugenahorn und andere Edelhölzer im Unterteil; Ahorn, Ramin etc. im Oberteil	Eschenholz	Ahorn
Griffband	Irish Linen, Nylon, Leder etc.	üblicherweise keines	höchstens Gummistutzen am Griffpunkt
Teilung	1:1	3:1 3/4 des Queues als Oberteil (1 m) mit 2 Unterteilen: Shortbutt (40 cm) und Longbutt (1 m)	1:1
Besonderheiten	kann am teuersten werden	abgeflachte Stelle am Butt	Gewichtseinheit ist Gramm

Pool-Queues sind – wie bereits mehrfach erwähnt – mit großem Abstand am aufwändigsten verarbeitet und daher auch bei Weitem am teuersten. Viele Billardspieler tragen so ein kleines Vermögen in ihren Queue-Koffern und -Taschen mit sich herum: Preise im Bereich mehrerer tausend Euro sind dabei absolut keine Seltenheit! Dabei handelt es sich zumeist um handgefertigte Einzelstücke eines modernen Cuemakers – dieser seltsamen Mischung aus hervorragendem Handwerker und Künstler. Der Umgang mit exqui-

Eine »Büchsenmacherei« für Queues von innen

siten Edelhölzern muss von ihm ebenso beherrscht werden wie die Verarbeitung von Edelmetallen und Elfenbein. Darüber hinaus ist ausreichendes Wissen über das Billardspiel unumgänglich. Auch mit den »Marotten« und Sonderwünschen seiner Kunden muss er zurechtkommen, was nicht immer ein leichtes Unterfangen ist, wie man sich sicher vorstellen kann.

Zwei der besten dieser »Büchsenmacher des Billardsports« haben ihre Werkstätten in Deutschland. Einer von beiden, Marcus Dienst (Arthur Cues, Frankenthal), wird im Folgenden einige der häufigsten Fragen zum Thema »Pool-Billard-Queues« beantworten.

Marcus Dienst, Jahrgang 1967

Ein Queue-Bauer gibt Antwort

Marcus, stell dich bitte kurz für die Leser vor und erzähle ein bisschen, wie man überhaupt Cuemaker wird.

Nun ja, ich wurde 1967 in Ludwigshafen am Rhein geboren. Ich habe einen soliden Realschulabschluss und eine Ausbildung bei der damaligen Daimler-Benz AG im Werk Mannheim zum Werkzeugmacher erfolgreich absolviert. Mit 16 Jahren kam ich zum ersten Mal in ein Billard-Café und bin sofort fasziniert »hängen geblieben«. Meine Erfolg versprechende Fußballerkarriere war damals durch eine Knieverletzung bereits beendet – ein gewisses Balltalent scheint mir allerdings schon im Blut zu liegen. (Ich bin auch schon sehr gespannt, wie sich mein kleiner Sohn, der jetzt drei Jahre alt ist, einmal entwickeln wird ...) Nach meiner Ausbildung und einer Festanstellung als Werkzeugmacher in einem Kleinbetrieb habe ich mich dann 1992 selbstständig gemacht und mit dem Beziehen von Billardtischen angefangen. Das Hobby zum Beruf zu machen – wohl der Traum eines jeden Billardspielers!

Irgendwann Anfang der 1990er Jahre habe ich beim Spielen ein Queue eines US-Queue-Bauers günstig erwerben können. Das Queue wurde damals für rund 2000 DM gehandelt und ich habe es mir dann ein bisschen genauer angeschaut. Ich fand es für so viel Geld recht simpel gemacht. Wie so etwas herzustellen ist, konnte ich mir als Werkzeugmacher ja gut vorstellen. Und so habe ich dann in meiner Freizeit angefangen, die ersten Modelle und Designs zu entwickeln. Es hat aber schon noch ein paar Jahre gedauert, bis mir der erste Kunde für ein Queue Geld gegeben hat! Ich beschäftigte dann für einige Zeit einen Mitarbeiter, der einem der großen US-Queue-Bauer für einige Wochen »über die Schulter« geschaut hatte, und mit ihm konnten wir dann die letzten Rätsel des Queue-Baues lösen. 1996 wurde »Arthur Queue« aus der Taufe gehoben und in diesem Jahr feiern wir unser 10-jähriges Bestehen!

Was kostest ein gutes Billard-Queue? Und wie viel Geld muss man unbedingt ausgeben, um ein akzeptables zu bekommen? Sind teure Queues automatisch besser?

Das hängt alles von den drei großen G ab: Gefühl – Geschmack – Geldbeutel! Zunächst empfehlen wir jedem unserer Kunden, auf ein gutes Oberteil zu achten: Helles, glattes Ahornholz, eine »ordentliche« Ferrule und ein Klebeleder sind nach unserem Dafürhalten einfach Pflicht. Das bekommt man schon für 50 bis 100 Euro angeboten. In dieser Preisklasse finden sich auch die meisten Einsteiger wieder. Wer dem Sport länger verbunden bleibt und z. B. einem Verein beigetreten ist, orientiert sich nach einer gewissen Zeit »nach oben« und sucht sich ein Queue der mittleren Preisklasse und verwendet oft sein erstes Queue als Break-Queue (also zum Anstoßen). Eine kluge Entscheidung, da so das Spiel-Queue geschont werden kann.

Filigran-Arbeiten an einem Queue

Die mittlere Preisklasse bewegt sich von 150 bis 500 Euro, das nennen wir ein »akzeptables« Queue. In dieser Preisklasse steigt z.B. der Handarbeitsteil in der Fertigung, es werden höherwertige Hölzer und Materialien verwendet und die Inlays (Einlegearbeiten) sind, im Unterschied zur 50-Euro-Klasse, nicht mehr nur überlackierte Aufkleber, sondern wirklich echt.
Unsere handgefertigten »Arthur's Rookies« sind z.B. im unteren Teil dieser Preisklasse zu haben und du kannst acht Optionen, wie Gewicht, Farbe, Griffbandfarbe, Gewichtsverlagerung, Leder usw. selbst festlegen. Da ist dann schon nichts mehr von der Stange!

Wie baut man ein Queue und wie kommen die Einlagen hinein?
Mit diversen Maschinen, viel Nerven und Geduld ... Nein, im Ernst: Ich kann jetzt schlecht einen Schnellkurs im Queue-Bauen geben – nicht, dass das nicht ginge, aber ich glaube, das würde das Buchprojekt sprengen und nicht jeden Leser wirklich interessieren. Wer so etwas einmal sehen möchte, kann uns gerne in unserer Werkstatt besuchen. Dort sieht man mit Sicherheit mehr von der Fertigung eines Queues, als man hier erklären könnte, und mit ein bisschen Glück hat auch einer von uns Zeit, die einzelnen Schritte genau zu erklären.

Muss in einem Billard-Queue unbedingt Elfenbein verbaut werden und hat eine Ferrule aus Elfenbein Vorteile?
Zur ersten Frage: nein, keinesfalls. Das Elfenbein hat teilweise einfach eine magische Anziehungskraft, eine einzigartige Maserung und es sieht natürlich wunderschön aus.

Eine Elfenbein-Ferrule mit charakteristischer Maserung

Elfenbein-Ferrulen haben den großen Vorteil, dass sie nicht so schnell verfärben, d.h. die Kreide annehmen. Sie haben aber auch den Nachteil, dass das Leder nicht so weit heruntergespielt werden kann, da ansonsten die (teure) Ferrule rissig werden könnte.

Wie schwer und wie lang soll ein gutes Billard-Queue sein?
Auch das sind individuelle Entscheidungen und Empfindungen. Zunächst zum Gewicht: Das Gewicht der Queues wird in Unzen (oz) angegeben, eine Unze entspricht 28,35 Gramm, ich habe extra dazu eine Umrechnungstabelle mitgebracht:

Unzen (oz)	Gramm (g)
17,00	481,95
17,25	489,04
17,50	496,13
17,75	503,21
18,00	510,30
18,25	517,39
18,50	524,48
18,75	531,56
19,00	538,65
19,25	545,74
19,50	552,83
19,75	559,91
20,00	567,00
20,25	574,09
20,50	581,18
20,75	588,26
21,00	595,35
21,25	602,44
21,50	609,53
21,75	616,61
22,00	623,70

Das Gros der Spieler fühlt sich mit 18,5 bis 19,5 Unzen am wohlsten. Frauen bevorzugen eher leichtere Queues, Männer schwerere. Aber das Gewicht ist nur relativ, entscheidend ist auch die Gewichtsverlagerung, d.h., wo hat das Queue seinen Schwerpunkt? Das kann man selbst leicht ausprobieren: Lege das Queue über deinen Zeigefinger und versuche, es ins Gleichgewicht zu bringen. Also so, dass es nicht mehr pendelt. Da hast du dann den Schwerpunkt, der heftig variieren kann. So erklärt sich, dass zwei Queues mit identischem Gewicht völlig unterschiedliche Spieleigenschaften bieten. Man spricht hier von **Kopflastigkeit** bzw. **Hecklastigkeit** und die Vorlieben sind von Spieler zu Spieler ebenfalls sehr unterschiedlich. (Anmerkung des Autors: In der Regel wird heutzutage mit leicht kopflastigen Queues gespielt, da das dem modernen Pool-Billard und seinen technischen Anforderungen am weitesten entgegenkommt.)

Die Gewichtsverlagerung ist z.B. ein Grund, warum der Kauf bei einem Billardfachhändler dem anonymen Kauf im Internet vorzuziehen ist. Beim Händler vor Ort hat man die Möglichkeit, das Queue in die Hand zu nehmen und zu fühlen und vielleicht auch Probe zu spielen ... Und siehe da: Plötzlich ist die Optik eines Queues gar nicht mehr so wichtig und der Spieler entscheidet rein nach (Spiel-)Gefühl.

Das Gewicht kann übrigens meist ganz leicht beeinflusst werden: Unter dem **Bumper,** dem Gummifuß des Queues, verbirgt sich oft ein vorgebohrtes Gewinde, in das einfach eine sogenannte **Gewichtsschraube** eingesetzt werden kann. Bereits vorhandene Schrauben können auch z.B. gekürzt oder ausgebohrt werden. Natürlich ändert sich hier der Schwerpunkt gravierend! Wir haben Gewichtsschrauben bis fast 50 Gramm im Sortiment, so lassen sich auf einen Schlag bis zu zwei Unzen »draufpacken«.

Entscheidenden Einfluss auf das Gewicht des Queues und die Gewichtsverlagerung haben die verwendeten Materialien. So ist z.B. Ebenholz wesentlich schwerer als Vogelaugenahorn. Ein Queue mit vielen Silbereinlegearbeiten ist schwerer als eines mit Holzinlays, ein Stahljoint ist schwerer als eines aus Elfenbein usw. So ist es uns möglich, bei Kundenanfertigungen nicht nur das Wunsch-

gewicht, sondern auch den Schwerpunkt auf den Zentimeter genau zu steuern.
Zur zweiten Frage: Zweiteilige Pool-Queues haben eine Standardlänge von 147 Zentimeter. Für Jugendliche oder kleinere Spieler gibt es auch 130-Zentimeter-Modelle, für Kinder sogar nur 124-Zentimeter-Modelle. Darüber hinaus werden auch einteilige Queues von 100, 110, 120 und 130 Zentimeter angeboten. Die sind für den Heimgebrauch gedacht, wenn der erforderliche Abstand vom Tisch zur Wand nicht ausreicht, und sind somit eher für den Notfall vorgesehen.
Besonders häufig nachgefragt werden in letzter Zeit verlängerte Queues, ein echter Trend! Hierbei werden das Ober- und das Unterteil jeweils um 1 Inch (2,54 Zentimeter) verlängert, empfehlenswert für Spieler ab einer Körpergröße von 1,90 Meter. Das ist aber keine Pflicht: Wir haben auch schon kleinere Spieler gesehen, die das Queue hinter dem Griffband greifen und denen wir dann ein verlängertes Queue ans Herz legen.

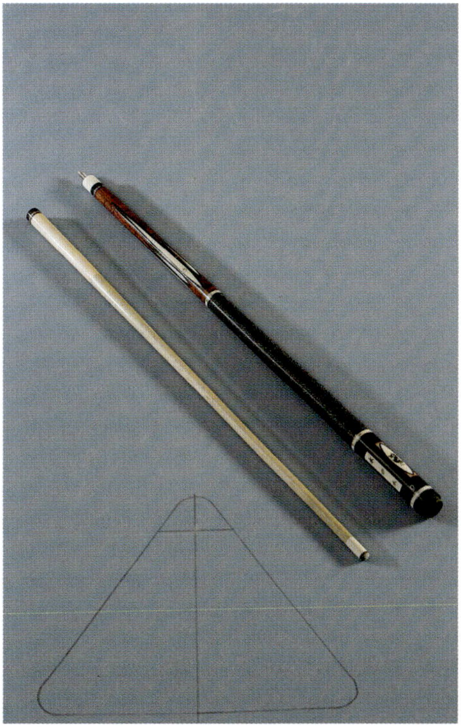

Pool-Queue in klassischer Zweiteilung

Warum hat ein Billard-Queue (nur) zwei gleich lange Teile?

Die Frage gefällt mir! Das ideale Queue ist eigentlich ein einteiliges Queue, das sogenannte Haus-Queue. Es ist aus einem Stück gemacht und hat nach meinem Dafürhalten das beste Spielverhalten. Die Queues werden eigentlich aus Transportgründen zweiteilig hergestellt, sonst müssten die Spieler mit einem mindestens 1,5 Meter langen Koffer durch die Gegend laufen, wie unpraktisch! Mehr als zwei Teile sollen es nicht sein, da dadurch die Gefahr besteht, dass sie mit jeder Teilung »unrunder« werden. Jedes einzelne Teil wird für sich gefertigt und muss am Schluss aber auf die Gesamtlänge rund laufen. (Anmerkung des Autors: Außerdem ist jede Verschraubung ein Schwingungsabriss und beeinträchtigt das Verhalten des Queues enorm.)

Griffstück: Irish Linen, Leder, Holz, lackiert – was ist besser?

Auch das ist wieder eine Sache des persönlichen Geschmacks. Aus meiner Erfahrung heraus jedoch kann ich sagen, dass die meisten Spieler das Irish Linen bevorzugen, d. h. eine Umwicklung des Griffstücks mit einem Nylon-Baumwoll-Faden.

Aber Achtung! Auch hier gibt es Unterschiede: Es werden das angenehme, original Irish Linen sowie billigere Wicklungen mit höheren Nylonanteilen angeboten. Das Irish Linen wird am besten mit der Schweißbildung fertig und es gibt es in allen erdenklichen Farben. Bei den Farben gilt: je dunkler, je besser. Ein weißes Griffband ist nicht wirklich empfehlenswert, da es bereits nach kurzer Benutzung durch Kreide und Schweiß unansehnlich wird.
Ledergriffbänder (aus einem Stück) sind in verschiedenen Farben und mit unterschiedlichen Prägungen erhältlich. Sie sind teurer als die Irish-Linen-Wicklung, optisch ansprechender, aber wiederum nicht jedermanns Sache. Gerade im Sommer bei hohen Temperaturen hat man teilweise das Gefühl, regelrecht am Queue zu kleben (so wie auf einer Ledercouch).
Ein reines Holzgriffstück ist optisch meist sehr aufregend, da man hierfür besonders schön gemaserte Stücke verwendet. Das sind richtige Hingucker! Nachteil: Die Holzgriffstücke sind lackiert und z. B. durch Fingerringe extrem anfällig für Beschädigungen am Lack. Mit einer beschädigten Lackierung sieht das Queue dann schnell ungepflegt aus. Auch für Spieler, die stark zum Schwitzen neigen, ist das lackierte Griffstück eher nicht zu empfehlen, da der Schweiß nirgends absorbiert wird, d. h., sie kleben wieder am Queue fest.

Wie sieht für Dich das ideale Billard-Queue aus (Design/Aufbau)?
... ein Cuemaker muss auf diese Frage mit dem Hinweis auf seine Arbeiten antworten!

Kannst du uns eine kleine Übersicht über die Hölzer und Materialien der Billard-Queues geben?
Fangen wir oben am Queue an: Die **Pomeranze** (das Leder, siehe auch Grafik S. 37) – es gibt Aufsteckleder, Schraubleder und Klebeleder. Wir reden hier nur von Klebeledern. Sie sind üblicherweise aus Schweineleder gefertigt, manche sind bereits vorgekreidet und es gibt härtere und weichere Leder verschiedener Hersteller. Sehr beliebt sind die sogenannten Schichtleder, bei denen ein Leder teilweise aus bis zu 20 einzelnen Schichten hergestellt wird. Spieler, die bereits seit Jahrzehnten spielen, stellen beim Spielen der Schichtleder neue Qualitätssprünge in ihrem Stoß fest.
Die **Ferrulen** gibt es ebenfalls in verschiedenen Varianten: z. B. aus Messing für Snooker-Queues. Im Pool- und Karambol-Bereich verwenden wir entweder Ferrulen aus Hartgewebe, sogenanntes Melamin, oder aus Elfenbein.
Gute **Oberteile** sind aus Ahorn gefertigt, idealerweise aus kanadischem Bergahorn. Ahorn ist aber nicht gleich Ahorn: Aktuell können wir sieben verschiedene Qualitäten ordern, von Qualität B+, über A, bis hin zur AAA Superb-Qualität. Je höher der Qualitätsgrad, desto heller und gleichmäßiger gemasert ist das Oberteil. Braune Zuckereinschlüsse und Astlöcher sind nicht gewünscht und mindern die Qualität, wenn auch teilweise nur optisch.
Der **Joint,** also die Verschraubung, kann aus Holz sein, aus Pertinax (ein Hartgewebematerial), aus Edelstahl oder aus Elfenbein. Diese Materialien können z. B. mit Edelhölzern und Silber oder Gold kombiniert werden.

Die **Unterteile,** das eigentliche Queue, also das Herzstück, wird üblicherweise u.a. aus Ebenholz (ebony), Schlangenholz (snakewood), Vogelaugenahorn (Birdseye Maple), Riegelahorn (Curley Maple), Amarant/Purple ivory, Olive, Bocote, Cocobolo, Hollywood oder Maserbirke hergestellt. Wir haben aber auch schon Queues fast ausschließlich aus Elfenbein gefertigt.

Die **Inlays,** also die Einlegearbeiten für das Unterteil, können aus Silber, Gold, Elfenbein, Edelsteinen (wie beispielsweise Türkis, Malachit), Engelshautkoralle, Perlmutt, Edelhölzern (wie zuvor genannt) oder Brillanten o. Ä. bestehen. Gerade gestern ist traumhaft blauer Lapis eingetroffen. Der Fantasie sind hier kaum Grenzen gesetzt. So plane ich, in der nächsten Zeit ein Queue mit kleinen Fossilien zu bestücken – ich freue mich schon auf diese Arbeit!

Über das **Griffstück** haben wir ja bereits gesprochen, hier stehen Irish-Linen-Wicklung, Ledergriffbänder oder ein- oder mehrteilige Griffstücke in verschiedenen Materialkombinationen mit und ohne Inlay-/Ringwork zur Auswahl.

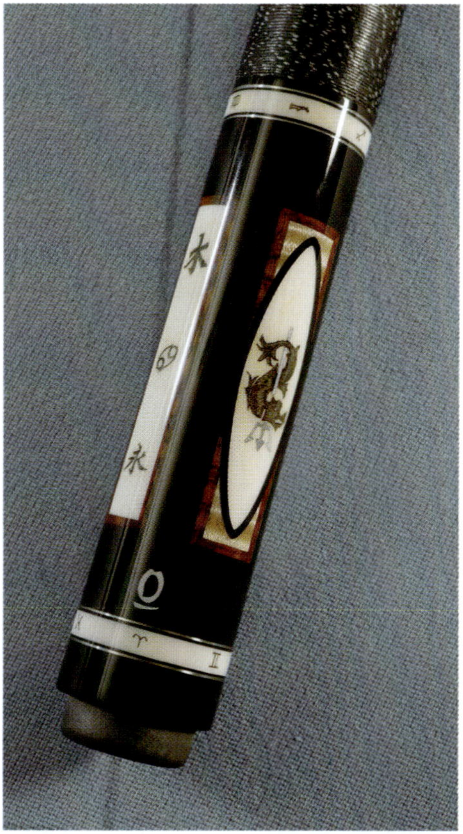

Wenn es schon erwähnt wird: mein »Arbeitsgerät«, ein Queue namens Aquarius von Marcus Dienst

Wie kommt es zu so enormen Preisen bei den Queues?

Mit »so« meinst du wohl Queues im Bereich von 3000 bis 5000 Euro? »So enorme Preise« ergeben sich durch den jeweiligen Zeit- und Materialaufwand, den man in ein Einzelstück – »one of a kind« – hineinsteckt. Beispielsweise in dein Queue ...

Alle Inlays sind proportional auf das Design abgestimmt, Zeichnungen müssen angefertigt und öfter auch korrigiert werden, da die Vorschau nicht gut genug ist. Manchmal sitze ich wochenlang an ein und derselben Zeichnung, um sie zu perfektionieren. Der »Spaß« beginnt aber erst richtig, wenn man die Klein(st)teile von Hand entgraten und einsetzen muss. Hier entscheidet sich dann auch, ob das Queue anschließend so wird, wie man es sich vorgestellt hat.

Oft muss man bei kleinen und filigranen Teilen mit Bruch bzw. Ausschuss rechnen und bis zu 100 Prozent mehr Einlegearbeiten

Noch ein paar »Arbeitsimpressionen« aus der Werkstatt

anfertigen, als letztendlich tatsächlich ins Queue eingelegt werden. Der Zeitaufwand ist hier wohl am höchsten und manchmal auch sehr frustrierend.
Das Endergebnis entschädigt dann aber immer wieder für viele nervenaufreibende Momente. Und das alles will natürlich bezahlt sein.

Danke für deine Zeit, Marcus. Ich denke, so gut hätte die Fragen niemand beantworten können – vor allem nicht ein einfacher Bundestrainer.

»Danke für deine Zeit, Marcus!«

Nun aber zurück zum Thema »Spielmaterial« und hier zum letzten Requisit des Billardspiels.

Kreide und richtig Kreiden

Das Kreiden ist nicht nur eine »Marotte« der Billardspieler, sondern unerlässlich, um das Abrutschen an der Spielkugel zu verhindern, das auch **Kicksen** genannt wird.
Natürlich muss vor jedem Stoß gekreidet werden – allerdings liegt auch dort das optimale Ergebnis eher in den Kleinigkeiten verborgen.
Wenn man Billardspieler beim Kreiden beobachtet, fällt auf, dass es scheinbar endlos viele Varianten dieser wichtigen Handlung gibt. Die Mehrzahl der Spieler scheint in ihren Kreiden auf die eine oder andere Weise »nach Öl zu bohren«, was nicht nur die Kreiden schnell unbrauchbar macht, sondern auch noch völlig am eigentlichen Sinn und Zweck des Kreidens vorbeigeht.
So trägt dieses Bohren Unmengen von Kreide direkt auf der Mitte des Leders auf, die Ränder bleiben fast unberührt. Gerade dieser Randbereich des Leders müsste aber »abrutschsicher« gemacht werden.
Der beste Weg, ein Queue zu kreiden, ist es daher, mit der Kreide von der Mitte des Leders in einem leichten Bogen nach außen zu streichen und das Queue zwischen den einzelnen Kreidestrichen zu drehen. Die Abbildungen auf Seite 50 zeigen diesen Vorgang recht anschaulich.
Nach dem Kreiden werden überstehende Kreidereste entfernt, falls sie den Spieler stören (Top-Spieler streichen zumeist mit den Fingern am Rand des Leders entlang, bevor sie sich auf den Stoß vorbereiten).
Mit der dargestellten Methode ist es gewährleistet, die gesamte Pomeranze schnell und sicher mit Kreide zu versehen. Der Kreide-

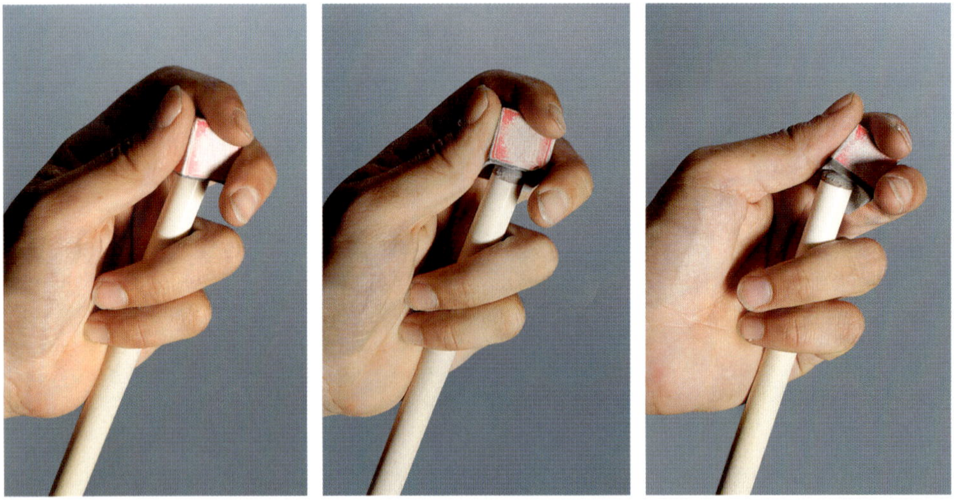

Wie man richtig kreidet

würfel hält dabei deutlich länger und wird nicht so sehr ausgehöhlt.
Sehr geübte Spieler kreiden oft nur mit einer Hand und einer sehr fließenden, drehenden Bewegung des Handgelenks, wodurch ebenfalls das Kreiden der Pomeranzenränder gewährleistet wird. Diese Methode ist allerdings deutlich schwieriger zu erlernen und bedarf vielen Übens – man sollte sich hier nicht davon blenden lassen, dass es sehr einfach und im Prinzip wie bei den ungeübten Spielern aussieht.

Um das Thema »Kreide« abzuschließen, halte ich es für angebracht, noch ein klein wenig über die Kreide als solches zu berichten:
In den Anfängen des Billardspiels handelte es sich tatsächlich um handelsübliche weiße Kreide (Tafelkreide), also Calciumcarbonat ($CaCO_3$). 1892 begann dann der Billardspieler William A. Spinks, mit Hilfe einiger Chemiker eine »bessere« Kreide zu entwickeln. 1897 meldete er ein entsprechendes Patent an und revolutionierte das Billardspiel, da mit seiner »Kreide« der **Grip** am Spielball entscheidend verbessert und so das Abrutschen weitgehend eliminiert wurde. Unser modernes Billard wäre mit Tafelkreide praktisch unmöglich.
Es ist wohl nicht allzu überraschend, dass Billardkreide mittlerweile absolut nichts mehr mit der Tafelkreide zu tun hat. Vielmehr handelt es sich um eine exakt dosierte Mischung aus Aluminiumoxid (Al_2O_3), also Tonerde oder Korund (ein Schleifmittel), und Magnesiumsilikaten – hier in der Hauptsache Talk(um) ($Mg_2Si_4O_{10}(OH)_2$), das ja auch zum Trocknen und Gleitfähigmachen der Hände und des Oberteils verwendet wird. Die Substanzen werden mit entsprechenden Farbpigmenten – seither ist die Billardkreide in der Regel blau – fein zerma-

len und dann in Würfel gepresst. Das »seifige« Verhalten der Kreide rührt vom Talkum her, die Härte und das schleifende Verhalten vom Korund.

Je härter eine Kreide ist, desto exakter muss gekreidet werden. Sie ist dann auch weniger »bröselig«, macht also weniger Dreck. Snooker-Spieler sind dafür bekannt, sehr harte Kreiden zu verwenden, während die Mehrzahl der Pool-Spieler weiche und »schmierige« Kreiden bevorzugen.
Den leicht schmutzenden Charakter der Kreide kann jeder Spieler auf den Bandenspiegeln der Tische oder an den eigenen Händen leicht nachvollziehen, Frauen von Billardspielern kennen ihn von der Oberseite der Hosen ihrer Gatten oder von den Innenseiten der Hosentaschen (falls der Mann die Kreide dort aufbewahrt).

TIPP

Hier noch ein wichtiger Aufruf in Sachen »Etikette beim Billard«: Kreiden werden immer »face up« und nie »face down« auf die Bande gelegt! Der nächste Spieler oder der zu Hause für die Reinigung der Kleidung zuständige »Zeugwart« wird es Ihnen danken!

Die Kreide soll immer »face up«, also mit der Mulde nach oben liegen.

Billard lernen – wie und wo?

Die Vergleiche zum Golf und anderen hochtechnischen Sportarten sind im Billard ständig anzutreffen. Betrachtet man die Situation allerdings im Hinblick auf das Trainer- und Lehrwesen fällt ein eklatanter Unterschied auf:

Billard ist geprägt von angeblichen Autodidakten, es scheint sogar so zu sein, dass in manchen Gegenden »niemals irgendjemand jemals« etwas gezeigt bekommen hätte. Warum das gerade in unserer Sportart so ist, ist schwer zu ergründen. Eines ist jedoch mit Sicherheit klar: Es ist völliger Unsinn!

Natürlich kann eine Sportart, die oft (und zu Recht) mit Golf verglichen wird, nicht völlig ohne Anleitung eines qualifizierten Trainers erlernt werden!

Im Karambolage-Billard und im Snooker ist diese Haltung auch deutlich weiter verbreitet, als im Pool-Billard. Der Grund erschließt sich relativ schnell: Im Gegensatz zu den anderen beiden Disziplinen ermöglicht das amerikanischen (Loch-)Billard sehr schnelle Erfolgserlebnisse, was leider der realistischen Selbsteinschätzung der Aktiven nicht gerade dienlich ist. Der schnelle Erfolg (»Die Kugel ist im Loch«) täuscht zu leicht darüber hin-

Der World-Master (Ralph Eckert) und der Weltmeister (Thorsten Hohmann) zusammen auf der Couch (bei einer Drehpause unseres Lehrvideoprojekts).

Der deutsche Mannschaftsmeister beim Trainieren vor Zuschauern. Rechts im Bild: Roman Hybler, ein europäischer Top-Spieler.

weg, dass es im Billardspiel eigentlich um die Kontrolle der Kugeln und ihrer Reaktionen geht.

Daher hier mein dringender Appell an alle Interessierten: Billard kann selbstverständlich nur bei einem Lehrer oder Trainer vernünftig erlernt werden. Auch das Selbststudium anhand von Lehrbüchern oder -DVDs ist nur bedingt zielführend. Die helfende Kontrolle durch einen erfahrenen Ausbilder ist durch nichts zu ersetzen.

Wie findet man aber einen erfahrenen Ausbilder? Ich warne Billard-Interessierte immer wieder vor dem Heer der »Sendungsbewussten« in allen Billardsportanlagen dieses Planeten – ich habe wenige Orte erlebt, wo die Dichte von »wahrhaft berufenen Ausbildern« höher zu sein scheint!

Das Lehrwesen der Verbände

Scherz beiseite ... Es gibt alleine im Deutschland des Jahres 2006 in etwa 400 ausgebildete Billardtrainer:

- Sportassistenten: ausgebildete »Hilfstrainer«, deren Ausbildung völlig ausreicht, um einem Anfänger das Spiel mit Queue und Kugeln näher zu bringen
- C-Trainer und Fach-Übungsleiter C: die klassischen Vereinstrainer, die auch schon den Weg in den Sport ebnen können sollten
- B-Trainer: entsprechend weiter oben angesiedelte Ausbilder
- A-Trainer: die Top-Trainer im deutschen Lehrwesen

Alle aufgeführten Lizenzen beziehen sich dabei auf den Deutschen Sport-Bund (DSB – künftig DOSB) und werden auch in seinem Namen von der Deutschen Billard-Union (DBU) vergeben.

Ein ausgebildeter Trainer kann sich in Deutschland also durch ein Dokument des Nationalen Sportbundes legitimieren. Außerhalb Deutschlands verhält es sich in vielen Ländern ähnlich bzw. entsprechend. Auch Kontinentalverbände wie die EPBF (European Pocket Billiard Federation) stellen Trainerlizenzen aus.

»Warum dieser reißerische Aufruf?«, werden Sie fragen. Billard ist aus Sicht eines Trainers ein gar nicht so schwer zu erlernender Sport, zumindest was seine Grundlagen angeht. Wenn man allerdings einmal angefangen hat, Billard »falsch« zu erlernen, ist es mehr als nur aufwändig, eingeschliffene »schlechte Angewohnheiten« wieder abzustellen. In den meisten Fällen bedarf das sogar vieler teurer, Nerven und Zeit verschlingender Trainerstunden.

Wo findet man diese Trainer?

Am Beispiel Deutschland: In der DBU sind derzeit ungefähr 45000 Aktive in vielen hundert Vereinen organisiert. Sowohl die Vereine als auch die entsprechenden Landes- oder Bundesverbände kommen als Ansprechpartner auf der Suche nach qualifizierten Trainern infrage. Darüber hinaus gibt es einige Billardschulen in Deutschland, deren Ausbildungen in der Regel ebenfalls äußerst fundiert sind. Auch hier sollte man natürlich die Grundlage der Legitimation der Schule erfragen – eine (hochgradige) Lizenz des Deutschen Sportbunds ist hier ebenfalls empfehlenswert.

Und wenn ich schon einmal am Schimpfen über den Wildwuchs im Trainerwesen bin:

TIPP

Vertrauen Sie sich bitte niemandem Unkompetenten an, der nicht mindestens deutlich darauf hinweist, dass er nur »seine persönliche Sicht der Dinge« im Billard wiedergeben kann und keine allgemeinen Lehrmeinungen vermittelt. In diesem Fall kann das Erklärte zumindest als guter Ratschlag oder »Darstellung eines Leidensgenossen« akzeptiert werden, nicht jedoch als die dogmatische Wahrheit, als die diese Ausführungen oftmals präsentiert werden.

die Frage nach den teuren »Trainerstunden« bei erfolgreichen Sportlern ...
Ich bin grundsätzlich ein großer Freund der Jagd nach Wissen in allen Bereichen des Billardsports – aber nur, wenn jeder Beteiligte bei dieser Jagd in seinem Revier bleibt (um diesem weidmännischen Bild treu zu bleiben). Kaum jemand kann einem interessierten Zuhörer taktische Erwägungen oder den gedanklichen Aufbau eines Billardspiels so gut näher bringen wie ein Spieler, dessen »Qualität« anhand seiner Erfolge sichergestellt ist.

Allgemeine Spieltechnik, Queue- und Körperhaltung und andere technischen Details sollten diese Spieler meiner Meinung nach allerdings gar nicht erst versuchen zu vermitteln. Sie würden wieder nur ihre eigene »Erfahrungswelt am Billardtisch« wiedergeben können und eben keine anerkannten Lehrmeinungen oder pädagogisch-didaktisch einwandfreien Lehrwege.

Das PAT-System

In den letzten Jahren wurde (u.a. von mir) im Auftrag des Weltverbandes (WPA) zumindest für Pool-Billard ein kompletter »Ausbildungsleitfaden« erstellt: das PAT-System. PAT steht dabei für Playing-Ability-Test und weist darauf hin, dass neben den reinen Ausbildungsinhalten auch Tests der Inhaltsschwerpunkte relevant sind.
Man könnte PAT mit den Gürtelsystemen der Kampfsportarten vergleichen: Auch bei PAT gibt es farblich unterschiedene Abzeichen, die im Rahmen von Prüfungen erworben werden können und das Spielvermögen eines Aktiven zeigen sollen.
Das PAT-System selbst ist vierstufig: vom absoluten Anfänger (Pat-Start), über den erfahreneren Einsteiger (PAT 1) und den fortgeschrittenen Spieler (PAT 2) hin zum Spitzenspieler (PAT 3). Im Spitzenniveau der PAT-Tests werden dann auch die internationalen Top-Spieler richtig gefordert und müssen ihren kleinen Schwächen recht deutlich Tribut zollen.
Die erreichbaren Abzeichen reichen dabei von Weiß und Grau (PAT-Start) über Hell- und Dunkelgrün (PAT 1), Hell- und Dunkelblau (PAT 2) nach Schwarz, Rot und Gold sowie Pink. Pink steht dabei als Farbe der vollkommenen Kirschblüte für die absolute Spitze des derzeit Erreichbaren. Bisher konnte kein Spieler ein pinkfarbenes Abzeichen erlangen.
Darüber hinaus werden überdurchschnittliche Leistungen in jedem der Tests (natürlich) mit Urkunden belohnt, die u.a. die Unterschrift des derzeitige Präsidenten des Weltverbandes, Ian Anderson, tragen.
Die Ergebnisse aller »Gürtelprüfungen« werden in einer zentralen Datenbank online verwaltet und erlauben auf diese Weise den internationalen Vergleich aller Billardspieler (http://www.pat-billiard.com).

Erkennungszeichen des PAT-Systems

PLAYING ABILITY TEST

Die PAT-Abzeichen

Im Rahmen dieses Systems stehen für Trainer und Schüler auch diverse Hilfen, wie Lehr- und Arbeitsbücher sowie DVDs zur Verfügung. Diese sollen die Schüler und Trainer auf dem steinigen Weg durch die einzelnen Level des Lehr- und Testsystems begleiten. Gerade im Bereich dieser zusätzlichen Materialien und Hilfsmittel ist derzeit viel Expansion zu beobachten: Während ich diese Zeilen schreibe, befinden sich einige neue Erweiterungen des Systems bei verschiedenen Autoren in den »Geburtswehen«.

Was die Zukunft im Bezug auf PAT noch bringen kann ist völlig offen. Neben dem Lehrwesen und den »Gürtelprüfungen«, die es ja schon gibt und die eigentlich auch vollkommen ausreichend wären, wurden auch golfähnliche Handicap-Systeme oder sogar eine »Platzreife« im Billard auf visionären Verbandssitzungen angedacht. Lassen wir uns überraschen!
In den derzeitigen »Primärländern« des Billardsports (im asiatischen und US-amerikanischen Raum) erfreut sich dieses System zumindest bereits jetzt enormer Beliebtheit und wird als teilweise integraler Bestandteil der verbandlichen Spieler- und Trainerausbildungen verankert.

Fragen Sie also bei Ihrem Trainer nach dem PAT-Test oder nach dem PAT-System.

Bundeswehr
Arthur Queue
Strole Sports

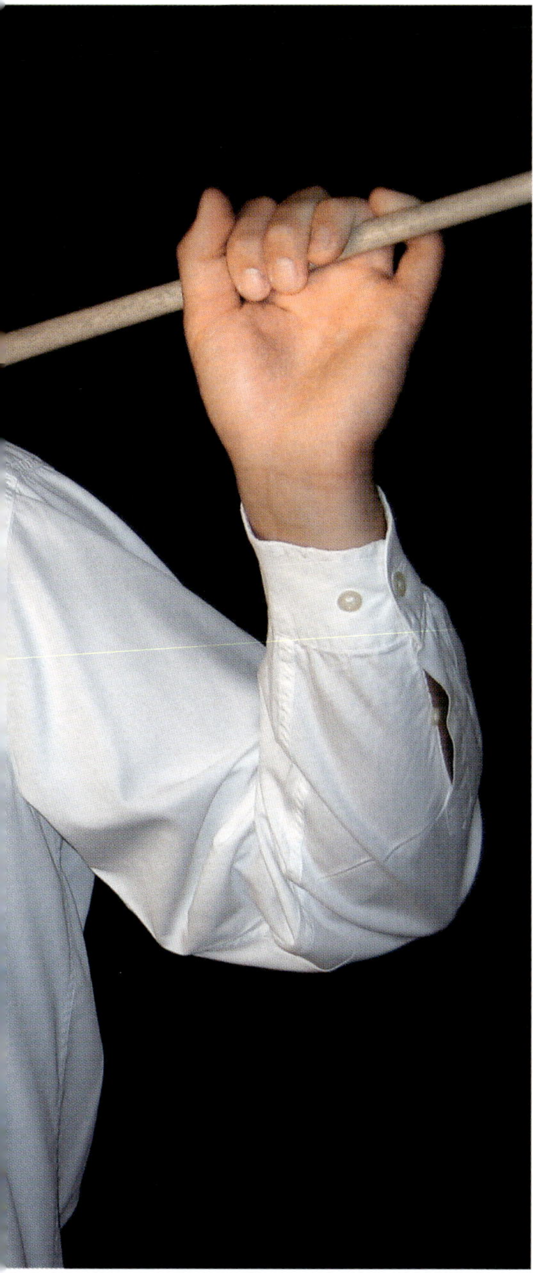

Queue- und Körperhaltung

Billard ist die anspruchsvollste Hand-Auge-Koordinationssportart der Welt. Diese Aussage haben wir nun schon öfter gehört und es dürfte jedermann klar sein, dass sich diese Tatsache speziell in der Spieltechnik widerspiegeln wird.
Wenn man eben diese Spieltechnik näher unter die Lupe nimmt, müssen mehrere entscheidende Bereiche unterschieden werden: die Queue- und Körperhaltung und der Stoß mit all seinen Feinheiten.
In diesem Abschnitt soll es nun nur um die ideale Anordnung des Spielgeräts zum Körper sowie um die entscheidenden Details der Körperhaltung gehen.

Wenn man sich mit der eigentlichen Körperhaltung befasst, muss man sich zuerst über einige grundlegende Dinge klar werden:
➤ In einem Buch wie diesem können selbstverständlich nur unvollständige Anmerkungen zu diesem Thema gemacht werden.
➤ Es ist definitiv nicht möglich, aus einem Buch fehlerfrei die richtige Körperhaltung zu erlernen.
➤ Es ist unumgänglich, zum Erlernen der richtigen Körperhaltung die Hilfe eines professionellen Trainers in Anspruch zu nehmen.

Nico Ottermann (»Kaiman«), Jahrgang 1986: einer der erfolgreichsten deutschen Nachwuchsspieler, derzeit bei der Sportfördergruppe der Bundeswehr

➤ Das »Sendungsbewusstsein« der Billardspieler im Bereich der Körperhaltung ist beinahe grenzenlos. Es gibt fast ebenso viele Aussagen zu diesem Thema, wie es Spieler gibt. Glauben Sie niemandem außer Ihrem Trainer!

➤ Es ist bestimmt besser, sicher und bequem zu stehen, als um jeden Preis »richtig« stehen zu wollen.

Der Stand – richtig stehen

Nach diesen einleitenden Feststellungen können wir nun beginnen, uns dem Thema »Körperhaltung« eingehender zu widmen.

Das wichtigste Grundprinzip wurde bereits erwähnt: **Stehen Sie bequem!**
Das Gewicht sollte dabei so gut es geht auf beide Beine verteilt werden (vergessen Sie den Gewichtsanteil des »dritten Beines«, also der Bockhand nicht – dazu aber später auf S. 70 ff. mehr).
Die Füße sollten in einem bequemen Winkel zueinander stehen. Es wird an dieser Stelle absichtlich auf die üblichen Grafiken verzichtet, die das richtige Stehen verdeutlichen sollen, da es mit Sicherheit keine allgemeingültige Art der »Fuß-Anordnung« gibt.
Darüber hinaus habe ich in meiner bisherigen Karriere als Trainer noch niemanden mit den Beinen spielen sehen!

Einzig die negativen Aspekte der Beinstellung können klar umrissen werden. Achten Sie auf Folgendes:

➤ Stellen Sie Ihre Beine nicht linear hintereinander (wie der »Seiltänzer« in der Abbildung links).

➤ Stehen Sie nicht mit den Beinen parallel nebeneinander und senkrecht zum Tisch.

➤ Achten Sie darauf, dass Ihr »Ausgleichsgewicht«, also das Gesäß, nicht zu weit nach hinten ragt – sonst kommt es zum so genannten Haferlstand (siehe die beiden Abbildungen auf S. 61 oben).

➤ Stellen Sie Ihre Beine nicht zu dicht zusammen.

➤ Lassen Sie Ihr Gewicht auch nicht zu weit nach vorne wandern – machen Sie also keine »Liegestütze« wie in der Abbildung auf S. 61 unten.

Falsch: »Seiltänzer«

Falsch (oben): »Haferlstand« (Beine parallel oder im Winkel) – das Ausgleichsgewicht hängt über.

Betrachten wir nun auf S. 62 unser Fotomodell in seiner normalen Spielhaltung, um einige Details des richtigen Standes zu sehen:

- Gewicht auf beiden Beinen und der Bockhand (in etwa im Verhältnis 47,5:47,5:5);
- bequeme Stellung der Füße zueinander (kein Kippen zur Seite möglich);
- Muskulatur im vorderen Bein (hier linkes) angespannt – dazu reicht es völlig, den Boden intensiv spüren zu wollen;
- Der Körper bildet ein »Dreibein« und ruht sicher in dieser Stellung – das Gewicht ist zentral gelagert (kein Körperteil hängt über).

Falsch: »Liegestütze«

Richtig: der Profi am Tisch

Ob das hintere Bein nun gestreckt sein soll oder nicht bzw. ob beide Beine am besten angewinkelt werden, kann meiner Meinung nach niemand mit Sicherheit beantworten. Oft hängt die Entscheidung über den »richtigen« Stand von den körperlichen Gegebenheiten des Spielers (Körpergröße) oder seinem eigenen Empfinden von »bequem« ab. Das gestreckte hintere Bein macht den Stand mit Sicherheit, ruhiger und einfacher zu halten – dafür ist es dann dringend notwendig, auf muskuläre Spannung im vorderen Bein zu achten. Die ausschließliche Körperspannung im hinteren Bein führt dazu, dass der Spieler beim Stoß aufgrund der Gewichtsverlagerung nach vorne (beim Stoßen normal, das Gewicht geht ja auch nach vorne) quasi »auf sein Queue« kippt und ungewollt Effet gibt. Vielen (auch sehr guten) Spielern, die nicht dazu in der Lage waren, einen Ball ohne jeden (Seiten-)Effet über den Tisch zu stoßen, hat schon enorm geholfen, einfach nur diese kleine Korrektur in ihrer Körperspannung vorzunehmen.

Das eben beschriebene Problem ist besonders im Snooker sehr entscheidend: Der Tisch ist höher und fast jeder Spieler steht mit gestrecktem hinteren Bein. Dazu kommt, dass im Fernsehen auch alle Spieler so stehen – was deshalb von den Freizeitspielern einfach kopiert wird. Dabei ist die notwendige Spannung im vorderen Bein natürlich nicht zu sehen, weswegen diese auch nicht kopiert werden kann. Was man im Fernsehen nicht oder nur schlecht sieht, ist, dass viele der Snooker-Profis das Knie ihres vorderen (Stand-)Beines leicht nach innen drehen. Das erhöht ebenfalls sehr einfach die Spannung im Bein.

Dieser Trick mit dem leicht gedrehten Knie klappt am Pool-Tisch leider nicht so gut, da aufgrund des niedrigeren Tisches die Torsionskräfte auf das Kniegelenk übermächtig werden würden und man mit erheblichen Überbelastungen rechnen müsste. Hier hilft dann schon eher der in der obigen Aufzählung erwähnte Versuch, den Boden genau zu spüren.

Versuchen Sie doch einfach einmal, beim Billardspielen den Boden unter Ihrem vorderen Fuß zu erfühlen.

Sie werden sehen, dass sich dabei die Muskulatur in Ihrem Oberschenkel leicht anspannt. Das ist völlig ausreichend, um nicht mehr auf den Stoß zu kippen.

Ansonsten gilt auch hier wieder einmal »Weniger ist mehr«: Nicht übertreiben mit der Spannung, sonst schlägt das Problem ins andere Extrem um (rechter statt linker Effet) und man verkrampft völlig.
Die zweite Standvariante (beide Beine angewinkelt) ist im Pool- und Karambolage-Bereich ebenfalls weit verbreitet, wobei man klar nach Disziplin unterscheiden muss:

- Im Pool-Billard ist zum sicheren Stehen mit zwei angewinkelten Beinen einfach nur sehr viel mehr Kraft in den Oberschenkeln nötig – der Stand muss ja fest und »wackelfrei« sein. Die Körperspannung im vorderen Bein ist dafür automatisch gegeben.
- Im Karambolage-Billard wird (speziell in den technischen Disziplinen) das Gewicht noch mehr auf beide Beine verteilt und die Bockhand (siehe dazu S. 70 ff.) bleibt fast unbelastet. Darüber hinaus wird insgesamt viel aufrechter gestanden und ein bis zu seinem anatomischen Ende beschleunigter Stoß ist nicht beabsichtigt. Hier wird in der Regel mit beiden Beinen angewinkelt gearbeitet, da das Gewicht dann viel leichter auf beide Beine verteilt werden kann (das oben schon erwähnte »dritte Bein« fehlt ja fast vollständig).

Viel wichtiger als die Stellung der Beine zueinander ist sowieso die Stellung des Körpers zum Queue. Bevor wir uns allerdings diesem »globalen« Problem und seiner anatomischen Lösung – individuell für jeden Spieler – widmen, will ich noch einige Worte über die Anordnung des stoßenden Armes verlieren.

Queue-Arm und Queue-Hand

Dieses Thema dürfte dasjenige sein, das sich durch die größte Übereinstimmung unter allen Trainern und »Sendungsbewussten« auszeichnet. Entsprechend einfach fällt es auch, hier einige grundlegende Aussagen zur korrekten Haltung des Armes und der Hand, die das Queue führt und beschleunigt, zu treffen:

- ➤ Der Oberarm ist exakt über dem Queue.
- ➤ Der Unterarm ist im Moment des Treffens senkrecht zum Queue (von der Seite und von hinten aus betrachtet – um die Anordnung besser zu zeigen, musste sich unser Modell sogar umziehen).
- ➤ Das Handgelenk ist gerade (gerade Linie an der Außen- und Vorderkante).

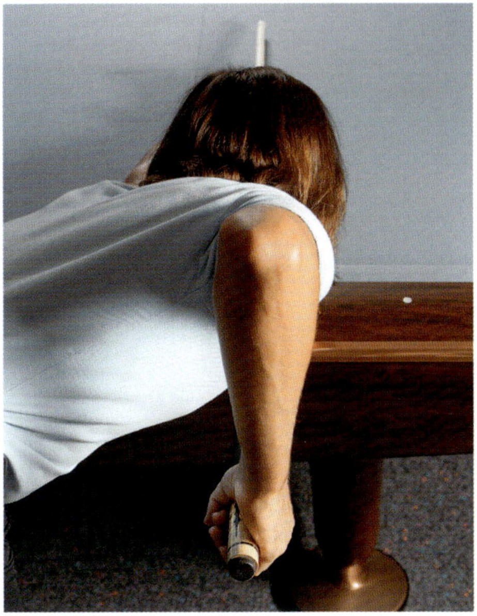

Perfekte Armführung

- Die Hand umschließt das Queue nur ganz locker (d.h., so fest wie nötig, so locker wie möglich).
- Es genügt, das Queue nur mit zwei Fingern zu halten (Daumen und Zeige- oder Mittelfinger – je nach Vorliebe).
- Die übrigen Finger gruppieren sich in natürlicher Anordnung (leicht eingerollt) am Queue.
- Das Handgelenk bleibt locker.

Pool-Billardspieler dürfen ihr Queue generell nicht zu fest greifen (kein Schraubstock!), da das bei den weiten Stoßbewegungen in diesem Sport unweigerlich zu einer Wellenbewegung des Queues und somit zu ungenauen Treffern und ungewolltem Effet führen würde. Im Snooker und auch im Karambolage ist der Griff fester, falls »in den Ball« gestoßen wird.

Der Ellenbogen kann im Pool-Billard aus demselben Grund (weite Bewegung »durch den Ball«) nicht an einer Stelle fest stehen. Wie weit er sich allerdings beim Stoß vertikal bewegt, hängt mehr von der Körpergeometrie des Spielers ab als von anderen Faktoren und spielt bei anatomisch richtiger Anordnung absolut **keine** Rolle.
Auf den Bildern unten erkennt man sehr schnell den Unterschied zwischen lockerem und festen Griff: Die Sehnen des Armes sind komplett gespannt. Das ermöglicht mit Sicherheit keine lockere und geradlinig beschleunigte Stoßbewegung (im Bild besonders im Bereich des Handgelenks und des Ellenbogens zu erkennen).

Ebenso gut zeigt die Gegenüberstellung auf S. 65 oben den Unterschied zwischen lockerem und festem Griff am Queue selbst:

Viel zu fester Griff (links) und lockerer Griff (rechts)

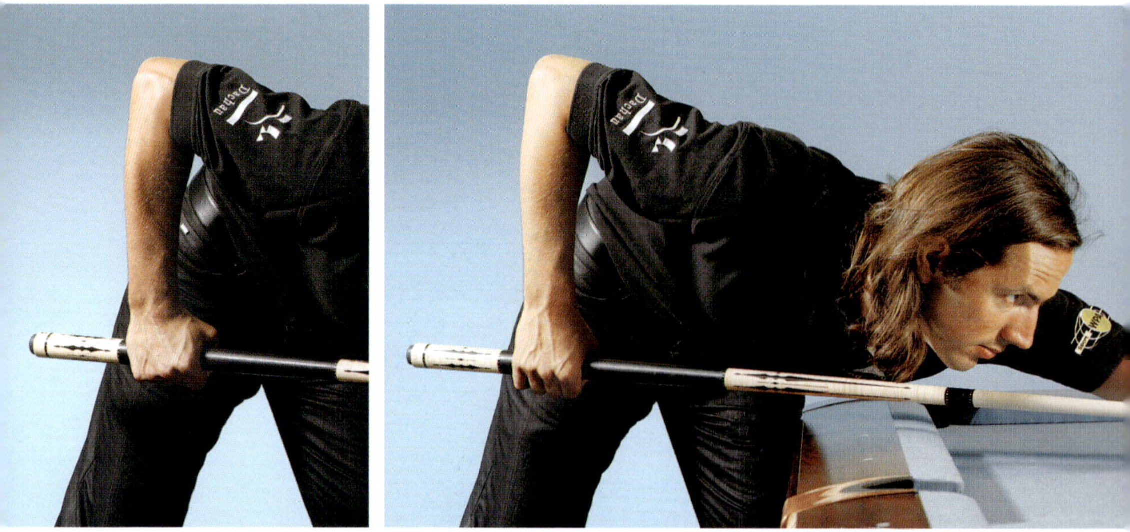

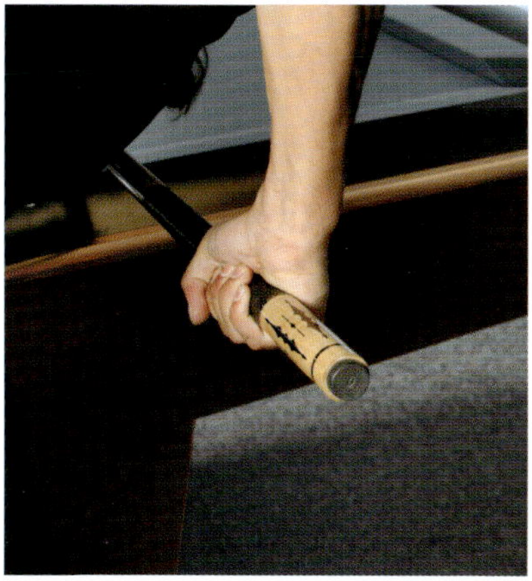
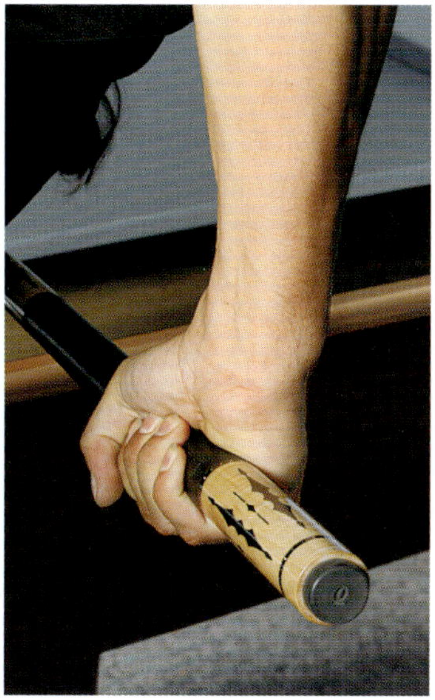
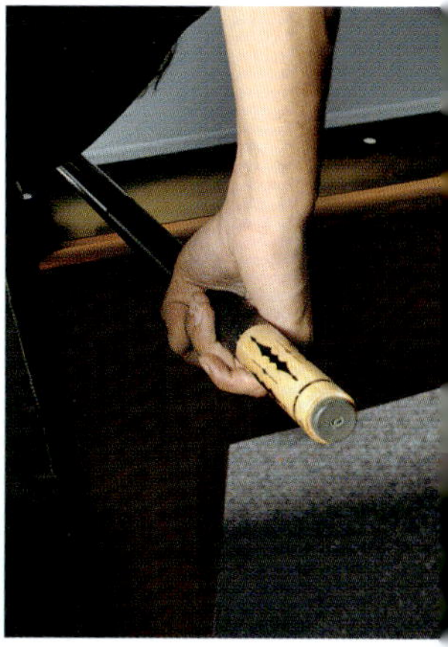

Fester Griff (links) und lockerer Griff (rechts). Das Detail (Mitte) zeigt den lockeren Griff als Nahaufnahme.

Die exakte Ausrichtung Queue–Ellenbogen–Arm–Hand

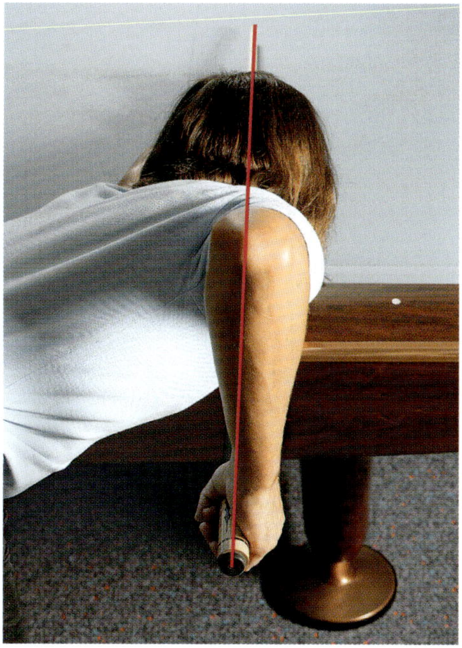

Erneut ist der Unterschied zwischen den angespannten Sehnen auf dem linken Bild und der entspannten Haltung auf dem rechten Bild sowie im Detailbild gut zu erkennen. Ich denke, dass sich weitere Kommentare über das Für und Wider damit in jedem Fall ad absurdum geführt haben sollten – speziell wenn man die Prämisse, Billard locker und ohne den Einfluss störender Muskelspannung im Arm spielen zu wollen, mit in die Betrachtungen einfließen lässt.

Noch ein paar abschließende Worte zu den gezeigten Fotos:
Wie die eingeblendete Linie auf nebenstehendem Bild verdeutlicht, liegen hier Queue, Oberarm und Unterarm in einer Linie zueinander. Auf den ersten Blick wirkt das in **Bezug auf den Unterarm** nicht so – was allerdings an der Muskulatur und am Körperbau

des abgebildeten Spielers und den daraus resultierenden Drehpunkten liegt. Dies erneut als klarer Hinweis, dass es dringend erforderlich ist, mit einem Trainer zusammenzuarbeiten. Nur mit viel Erfahrung, einer guten Ausbildung und viel Verständnis für die Bewegungsabläufe beim Billard kann die exakt richtige Körperhaltung eines Spielers ermittelt werden!
Dazu benutzen Trainer einige spezielle Übungen und allen voran die Grundübung zur anatomisch korrekten Körperhaltung beim Billard schlechthin: die Pinguinübung, wie sie Daniel Alvarez, einer meiner Trainerkollegen, getauft hat.

Die Pinguinübung – die »anatomische Nullstellung«

Grundgedanke der Übung und Hintergrund der Überlegung, einen Spieler entsprechend seiner eigenen Anatomie auszurichten (und nicht »streng nach Lehrbuch«), ist die Feststellung, dass nun einmal jeder Mensch unterschiedliche anatomische Voraussetzungen mitbringt.
Bisher wurde im Anfängertraining überwiegend darauf Wert gelegt, Spieler in ein spezielles Schema der Körperhaltung zu pressen und dann das Queue mehr oder weniger in die richtige Richtung zu halten. Der Ansatz der anatomischen Ausrichtung von Billardspielern geht genau den anderen Weg: Ausgehend von der Frage, in welche Richtung der Körper des Spielers automatisch spielen würde, wird der Versuch unternommen, genau in diese Richtung zu stoßen.
Betrachten wir die Bilder 1 bis 6:

1

1: Der Spieler steht aufrecht (mit schulterbreitem Stand) vor dem Ball und blickt in die Richtung seines geplanten Stoßes – im Bild vom Spielball geradeaus in Richtung Kamera. Es fällt auf, dass seine Arme eine leichte Drehung nach innen beschreiben und die Reihe seiner Fingerknöchel nicht wie bei einem Playmobil-Männchen ebenfalls in Richtung Kamera weisen, sondern auf einen Punkt diagonal vor dem Körper. Dieses Bild zeigt sich so oder so ähnlich bei fast allen Menschen (nur bei wenigen weisen die Fingerknöchel wirklich nach vorne oder sogar nach außen). Diese Richtung scheint also eine Art »natürliche Richtung« zu sein, die der Knochenbau und die Muskulatur des Menschen in seiner entspannten Ruhelage vorgeben.

2: Greift der Spieler nun sein Queue (wie bereits beschrieben, so fest wie unbedingt nötig, aber so locker wie möglich) mit Daumen und Zeige- oder Mittelfinger an seinem Schwerpunkt, so pendelt sich das Queue waagerecht ein. Der Muskel- und Sehnenapparat des Spielers bleibt dabei weiterhin entspannt.
Zwischen der entspannten Fingerhaltung in Bild 1 und dem lockeren Greifen des Queues in Bild 2 brauchen die Finger nur minimal bewegt zu werden – Anspannung ist nicht notwendig.
Das Queue zeigt nun natürlich in Richtung auf den bereits beschriebenen Zielpunkt diagonal vor dem Körper des Spielers. Die »anatomische« Stoßrichtung ist also festgelegt.

3: Es liegt nun am Spieler, sich nach dieser Stoßrichtung auszurichten:
Er muss sich so weit drehen, bis das Queue (in seiner anatomischen Stoßrichtung) auch in die Richtung des geplanten Stoßes zeigt.
Dieser Teil der Übung ist mit Sicherheit der bei Weitem schwierigste. Es empfiehlt sich, nur sehr kleine Trippelschritte zu machen. Damit soll verhindert werden, dass das Queue unabhängig vom Körper weiter gedreht wird. Auf diese Weise würde ja die vorher ermittelte anatomische Ausrichtung bereits zu Beginn der Übung wieder verlassen werden! Die Beine stehen nach dieser Drehung natürlich immer noch schulterbreit.

4: Nun erfolgt eine Bewegung in Richtung des Stoßes und zwar so lange, bis die Spitze des Queues knapp über dem Rand des Spielballs zum Ruhen kommt (der dem Spieler gegenüberliegende Rand).
Dabei bleibt der Spieler in seiner aufrechten Körperhaltung und seine Beine bleiben ebenfalls, soweit dies möglich ist, in der ursprünglichen schulterbreiten Anordnung.
Auf Bild 4 sieht man sehr gut, dass der Kopf dabei so natürlich wie möglich gehalten wird und nicht – wie man selbstverständlich gerne möchte – über das Queue und damit in den Stoß.
Der Blick geht also parallel zum geplanten Stoß, was erneut ein schwieriger Teil dieser Übung ist – allerdings unverzichtbar, um ohne **störende** muskuläre Anspannung auszukommen.

5: Der Spieler beugt das Becken (die Hüfte) und bringt seinen Kopf über dem Queue in Position. Das Queue darf sich dabei nicht bewegen, sondern verbleibt in seiner eingenommenen Position über dem Rand des Spielballs.
Dies ist nur bei einer idealen Anordnung des Ellenbogens direkt über dem Queue möglich. Der Körper wird also »programmiert«, ohne dass sich der Spieler mit diesem Problem separat befassen muss.
Der Blick des Spielers orientiert sich an der Richtung des Queues (sollte eigentlich gerade sein) und zeigt somit in Richtung des geplanten Stoßes. Wenn das Queue (wieder) ruhig hängt, sollte der Blick in Richtung auf das Ziel des Spielballs gerichtet sein. In diesem Fall die gegenüberliegende Bande oder ein Loch.

6

6: Nun der unglaublichste Teil der Übung: Bewegt der Spieler **schließlich** seinen Unterarm wie ein Pendel einfach **rückwärts** und durch die Ausgangslage wieder zurück nach vorne zum Ende der Pendelbewegung, so trifft er den Spielball und dieser wird genau in Richtung des geplanten Stoßes laufen. Der Treffer selbst wird dabei extrem harmonisch erfolgen – ein Kriterium, auf das bei der Betrachtung des Stoßes noch näher eingegangen wird.
Es ist absolut unerlässlich, sich **nicht** auf das Treffen des Spielballs zu konzentrieren. Tun Sie es doch, werden Sie feststellen, dass Sie den Ball in diesem Fall gar nicht treffen, sondern an ihm vorbei schwingen. Das Gleiche gilt für die Bewegung nach unten, die das Queue vollführen muss: Wenn Sie sich darauf konzentrieren, werden Sie den Ball viel zu tief treffen oder sogar vor dem Ball mit dem Queue das Tuch berühren.

Das alles klingt sehr unglaubwürdig, ich weiß! Aber versuchen Sie es einfach, lassen Sie sich (wie viele vor Ihnen) überraschen und lernen Sie einiges über das Spiel mit Queue und Kugeln:

- Ist der Körper anatomisch korrekt ausgerichtet, trifft er den Spielball von alleine richtig.
- Allerdings ist es auch die einzige Chance, von alleine (automatisch) zu treffen. Will man das Treffen erzwingen, so missglückt der Stoß, weil der Körper versucht, durch den Einsatz zusätzlicher Muskulatur die Bewegung zu kontrollieren. Eben dieser Kontrollversuch lenkt das Queue am Ziel vorbei.
- Im Billard ist es wichtig, sich so weit zu vertrauen, »es einfach passieren zu lassen«.

Führt man die eben vorgestellte Übung noch etwas weiter, ist es durchaus möglich, einen komplett richtigen Stand aus ihr abzuleiten. Im Bild 7 auf der folgenden Seite ist dies dargestellt: Die Bockhand wurde auf dem Tisch positioniert, das Queue am Griffstück gegriffen (Unterarm senkrecht im Moment des Treffens). Das vordere Bein ist ausreichend angespannt. Unser Modell dreht dazu üblicherweise das Knie nach innen (wie ein Snooker-Spieler), was auf dem Foto ebenfalls gut zu erkennen ist.
Die Anordnung des Körpers wurde ansonsten nicht verändert, speziell die Ausrichtung vom Queue zur Hüfte blieb unverändert. Die Linie Oberarm–Kopf (mit Blickachse) und Bockhand hat sich dabei praktisch von alleine richtig eingestellt.

7

Die »fertige« Körperhaltung

Leider ist es für einen Billardschüler in der Praxis fast völlig ausgeschlossen, diesen letzten Schritt zum Erreichen eines anatomisch perfekten Standes alleine auszuführen. Um bei der dargestellten Umsetzung des Queues und der Positionierung der Bockhand keine Fehler »aufzusammeln« wäre hierfür ein in dieser Methodik ausgebildeter Trainer dringend erforderlich.
Es ist allerdings in den meisten Fällen auch nicht nötig, so vorzugehen. Das obige Bild wurde nur der Vollständigkeit halber mit abgebildet und soll **grundsätzlich** den Zusammenhang zwischen der erarbeiteten Körperhaltung am Ende der Übung und dem anatomisch korrekten Stand verdeutlichen.

Wird die Übung ausreichend oft trainiert, fängt der Körper eines Spielers von ganz alleine damit an, die »korrekte Haltung« einzunehmen!
Allerdings sollte nicht unerwähnt bleiben, dass wir an dieser Stelle von »Überlernmengen« sprechen – also von mehreren Tausend Wiederholungen.
Es gilt erneut, viel Geduld mitzubringen und sich darauf zu verlassen, dass das Ergebnis des Trainings zum Spieler kommt und nicht umgekehrt!

Queue-Arm und Bockhand

Da die Queue-Haltung beim Billardspielen natürlich beide Hände und Arme umfasst, sollten wir uns nun noch der Führ- oder Bockhand bzw. der »Brücke« widmen.
Mit **Bock(-hand)** bzw. **Queue-Arm** wird bei einem Rechtshänder die linke Hand und entsprechend der linke Arm bezeichnet, die für das Queue an seinem vorderen Ende eine Art Führung oder »Auflager« bilden. Der eigentliche **Bock** oder die **Brücke** bezeichnet dabei das Gebilde aus den Fingern der linken Hand, das das Queue führt und dem Stoß Richtungstreue und Stabilität verleiht.
Es gibt unterschiedliche Arten von Brücken, also das Queue zu führen:

Die offene Brücke

Wie in Bild 1 gut zu sehen, ruht das Queue in einer Kerbe aus Daumen und Zeigefinger. Der Bock entsteht, indem man seine Hand gerade und mit ausgebreiteten Fingern auf den Tisch legt und dann den Daumen an den

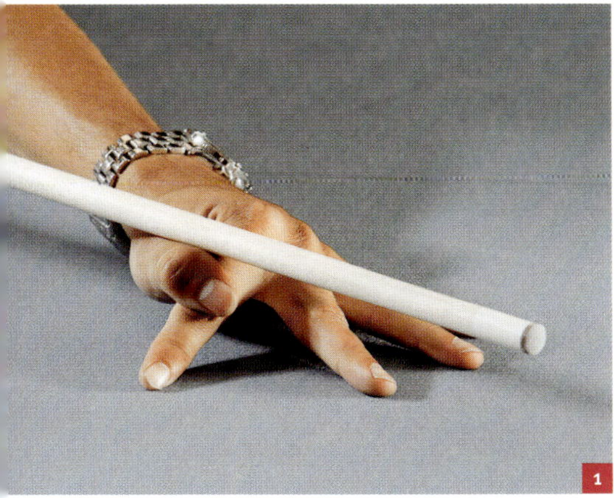

1

Die offene Brücke

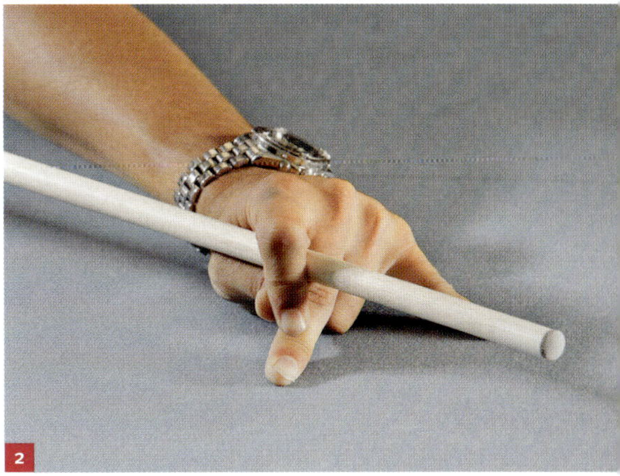

2

Die geschlossene Brücke

Zeigefinger presst (nicht zu fest, aber auch nicht nur daneben legen). Zum Schluss dreht man die Hand in Richtung Queue bis der Zeigefinger unter dem Queue durchzeigt. Höhenkorrekturen erfolgen, indem man den Zeigefinger weiter zur Handfläche zieht (hohes Treffen) oder ihn weiter ausstreckt (tiefes Treffen).

Für Anfänger ist die offene Brücke relativ schnell zu lernen und auch völlig ausreichend. Der geübte Spieler muss allerdings fast zwangsläufig auf die geschlossene Brücke wechseln.

Die geschlossene Brücke

Nur mit ihrer Hilfe kann ein Ausbrechen des Spielgeräts nach oben oder zur Seite unterbunden und so der Stoß endgültig kontrolliert werden.

Der Bock wird dabei ganz ähnlich der offenen Variante gebildet: Die Hand liegt mit weit aufgefächerten Fingern auf dem Tisch. Der Zeigefinger wird nach oben bewegt und die Hand in Richtung Queue gedreht (wieder bis der nächste Finger – hier der Mittelfinger – unter dem Queue nach innen zeigt). Der Daumen geht dann zum Mittelfinger (wieder mit ausreichendem Druck). Das Queue ruht nun in der so gebildeten Kerbe und der Zeigefinger umschließt das Sportgerät sicher, indem er um das Queue herum zum Daumen gebracht wird.

In Bild 2 kann man erkennen, dass unser Modell den Ringfinger bei diesem Bock nach hinten klappt – eine Modifikation, die sich bei vielen geübten Spielern eingeschlichen hat und dem Bock allerdings mit Sicherheit nicht schadet.

Anfangs ist es schwer, das Queue durch diese »Öse« zu bewegen, da es gar nicht so leicht ist, hier alles richtig zu machen: Die Öse soll ja so klein wie möglich (das Queue wird perfekt in der Richtung geführt und kann sich nur vor und zurück bewegen), aber auch so groß wie nötig sein (das Queue soll

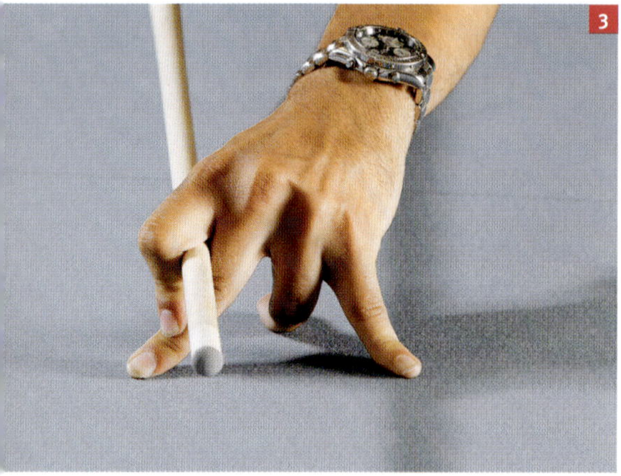

Die hohe geschlossene Brücke

sich ja überhaupt bewegen lassen und das auch noch ohne störendes Festklemmen oder -kleben an den Fingern). Das Oberteil des Queues und die Hände müssen natürlich sauber und trocken sein, um mit dieser Art der Brücke gut zurande zu kommen.

Die hohe geschlossene Brücke

Eine Sonderform der geschlossenen Brücke ist die hohe geschlossene Brücke, wie man sie vor allem von sehr geübten Sportlern sieht. Sie wird erzeugt, indem man bei einer einfachen geschlossenen Brücke den Handballen komplett vom Tisch hebt und die Brücke nur auf den Fingern der Führhand ruht. Der Ringfinger ist dabei praktisch arbeitslos und kann auch in Richtung Handfläche (also nach innen) zeigen oder zur Nervositätsminderung ein bisschen auf dem Tisch klopfen.
Wie obiges Bild 3 zeigt, werden dabei die Finger und alle dazugehörigen Sehnen der Hand extrem strapaziert. Darüber hinaus benötigt diese Art der Brücke noch mehr Druck in Richtung Tisch, um wackelfrei und sicher zu stehen.

Viele Sportler bevorzugen solche Brücken, da sie ein vermeintlich besseres Sichtfeld auf den Spielball und eine bessere Höhenkontrolle des Treffpunkts versprechen. Außerdem ist es immer noch »in«, so zu spielen und sich die Sehnen zu überdehnen. In einigen Situationen bringt diese Brücke sicherlich auch Vorteile – vor einem Einsatz dieser Brücke bei jedem Stoß rate ich allerdings schon aus orthopädischer Sicht dringend ab.

Sonderformen für Spezialfälle

Einige Sonderformen von Standardbrücken sollten auch noch vorgestellt werden:

Über andere Kugeln

Beim Spielen über andere Kugeln wird praktisch eine »hohe offene Brücke« genutzt.
Es ist besonders darauf zu achten, dass die Brücke trotz ihres exponierten Aufbaus sehr stabil stehen muss.
In den Bildern 4 und 5 auf S. 73 ist der enorme Druck auf die Fingerspitzen des Spielers gut zu erkennen.

Von »press Bande«

Wird ein Stoß notwendig, bei dem der Spielball »press Bande« steht, so muss natürlich auch die Brücke an dieses Szenario angepasst werden (Bild 6).
Es ist unbedingt notwendig, die Finger nicht unter das Queue zu bringen, da dann der

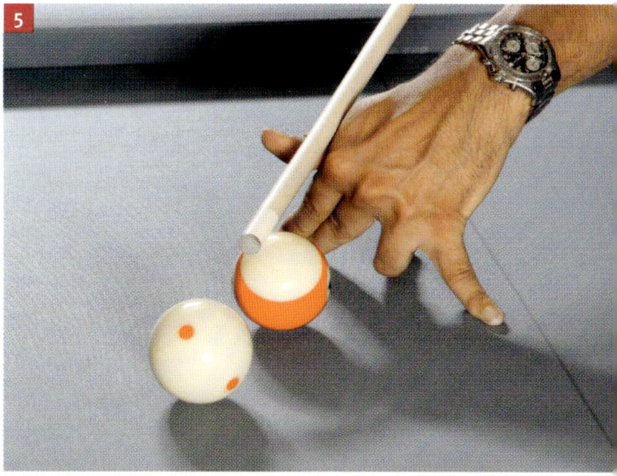

Das Spiel über andere Kugeln – der »Überpacker«

Stoß unweigerlich steil ausgeführt werden müsste (ist also nur dann sinnvoll, wenn das auch so beabsichtigt ist).
Auch der Stoß durch den Ball ist von »press Bande« schwieriger, wobei die leichte Neigung des Bandengummis als Richtungsorientierung verwendet werden kann.
Ein solcher Stoß ist in der unten stehenden Bilderreihe gut zu erkennen:

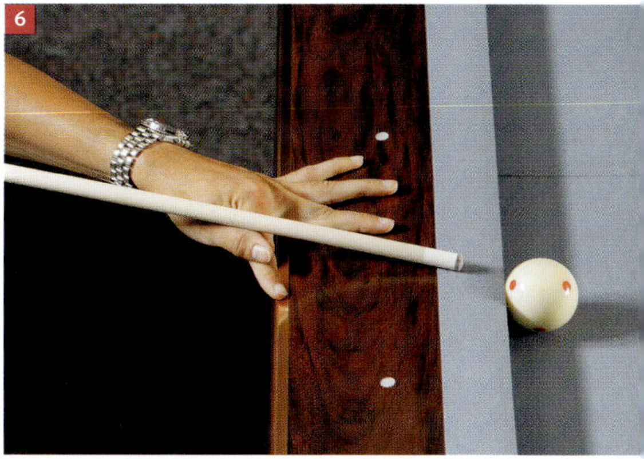

Spiel von »press Bande«

Der Ablauf eines Stoßes von »press Bande« mit flachem Spiel durch den Ball

Bock bei einem Kopfstoß

Kopfstoß extrem

Massée und Piquet

Steil zu stoßende Bälle werden ebenfalls mit einer »hohen offenen Brücke« ausgeführt. Im Bild oben links ist ein steiler Kopfstoß zu erkennen (hier mit einem Treffer im Zugballbereich – also **Piquet**). Die gleiche oder eine ähnliche Brücke sollte auch bei Jumpshots zum Einsatz kommen. (Näheres zu Massée, Piquet und Jumpshots siehe S. 120 f.)
Der extrem »wackelfreie« und sichere Stand der Hand ist hier – wie beim Spiel über Hindernisbälle – natürlich Grundvoraussetzung für das Gelingen des Stoßes.
Soll der Stoß extrem steil oder sogar senkrecht ausgeführt werden, kann der Aufbau der Brücke völlig verändert werden:

Harry zeigt auf dem Bild oben rechts eindrucksvoll, dass die Stabilität in der Brücke und damit die Möglichkeit, den Stoß sauber auszuführen, enorm gesteigert werden kann, wenn der gesamte Körper zu Hilfe genommen wird. Das linke Bein kniet auf der Bande, der Bock wird mit Druck gegen das Bein auf dem Oberschenkel gebildet.
Auf diese Art ist es auch möglich, einen Kopfstoß mit geschlossener Brücke zu spielen.
Im Artistique-Bereich, wo solche Stöße zum Standardprogramm gehören, wurde sogar die Weste der Spieler mit einer Schlaufe versehen, um Kopfstöße auch ohne den Einsatz des Unterschenkels auf diese Weise ausführen zu können.

Der künstliche Bock – das Hilfs-Queue

Hin und wieder ist es notwendig, das Hilfs-Queue, auch »Oma« genannt, zum Einsatz zu bringen. Gerade im Snooker kann man das oft beobachten, da hier aufgrund des riesigen Tisches häufig Spielsituationen entstehen, bei denen die Länge der Spielerarme einfach nicht mehr ausreicht.

Wichtig ist beim Spiel mit dem Hilfs-Queue, einen regulären Stoß so gut es geht nachzuempfinden:

Das Hilfs-Queue wird mit dem Queue-Arm gehalten und falls irgendwie möglich, auf dem Tisch abgelegt (die Hand bleibt jedoch am Hilfs-Queue). Der Führarm wird nun quer zum Körper geführt, um erneut den Stoß nur mit einer Bewegung des Ellenbogens gerade ausführen zu können. Der Stoß wird wieder so flach wie möglich ausgeführt, der Blick ist entlang des Queues auf das Ziel gerichtet.

Problem der »dreckigen Hände«

Bei allen geschlossenen Brücken taucht das Problem der »dreckigen Hände« bzw. der feuchten, schwitzenden Finger auf. Menschen mit zu feuchten Händen (gerade im Wettkampfsport ist das sogar sehr weit verbreitet) behelfen sich mit Talkumpuder, der die Hände trocken hält. Da Sportler diesen oft in Babypuderflaschen transportieren, hat sich fälschlich die Meinung eingebürgert, dass tatsächlich Babypuder verwendet wird. Einige tun das zwar sicher (aus Unwissenheit?) auch, es ist allerdings bei Weitem nicht die beste Lösung (Babypuder ist feiner und in der Regel parfümiert, was zu einer deutlichen Verschmutzung des Oberteils und damit zu verstärktem Puderbedarf führt – ein Teufelskreis).

Das Spiel mit der »Oma«

Die »Regel der roten Ringe«

Einer der häufigsten Fehler bei allen Brücken ist der fehlende Druck auf den Tisch. Da die Brücke gerade in den Spielarten Pool-Billard und Snooker quasi das »dritte Standbein« ist, muss dort auch ausreichend Druck auf den Tisch ausgeübt werden. Erst dieser gibt dem Stoß Druck und Richtungstreue. Auch ein »Verwackeln« des Stoßes wird somit weitgehend unterbunden. Die Hand darf dabei übrigens gerne mit bis zu einigen Kilogramm auf den Tisch einwirken.

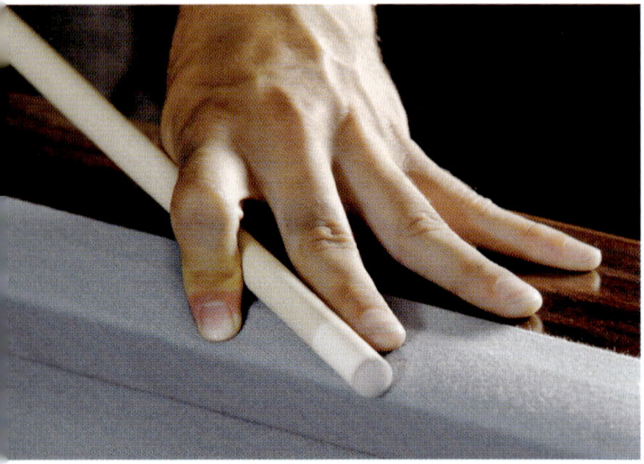

Die Brücke beim Break von der Bande – am Zeigefinger sieht man die Ringe in Weiß, Rot und Weiß.

In diesem Zusammenhang sollte auch gleich die wichtige »Regel der roten Ringe« Erwähnung finden:
Im 8-Ball und 9-Ball gilt der Anstoß (Break) als einer der entscheidenden Stöße. Den meisten Spielern mangelt es dabei an ausreichend Druck bzw. Endgeschwindigkeit. Es werden viele Versuche unternommen, diesen Mangel abzustellen, wobei selten drauf geachtet wird, ob der Druck der Bockhand auf Bande oder Tisch ausreichend hoch ist. Die »Regel der roten Ringe« besagt nun, dass der abwärts gerichtete Druck – zumindest des Zeigefingers – beim Anstoß so groß sein soll, das sich auf dem Finger durch die Belastung im Bereich des letzten Fingergelenks und am Fingernagel rote und weiße Ringe abzeichnen. Sie werden feststellen, dass sich die erzeugte Wirkung auf das geschlossene Eck beim Anstoß deutlich verbessert, wenn man einfach nur diese simple Regel befolgt.
Im Spiel ist es nicht empfehlenswert, mit ebenso viel Druck auf den Tisch zu operieren wie beim Anstoß. Der Druck muss aber dennoch deutlich höher sein, als das bei den meisten Spielern der Fall sein dürfte. Betrachten Sie einfach die Bilder unseres Modells, auf denen seine Hand zu erkennen ist und mit wie viel Druck hier bei jedem Stoß operiert wird.

Maximale Schnabellänge im Billard

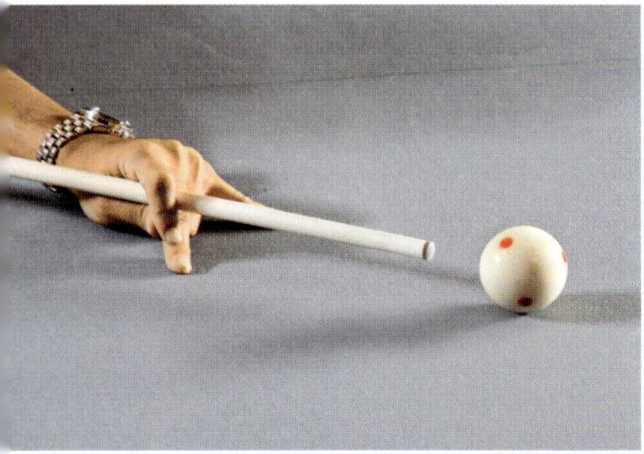

Die Schnabellänge

Im Rahmen der Betrachtung der Queue-Führung in der Brücke muss nun auch auf die Schnabellänge eingegangen werden. Mit **Schnabel** wird im Billard der Abstand der Brücke zum Spielball bezeichnet, also die Länge des Stoßes bis zum Kontakt mit der weißen Kugel.
Im Pool-Billard und im Snooker hat sich ein Abstand von in etwa einer Handlänge (15 bis 25 Zentimeter) als ideal erwiesen. Es handelt sich dabei um etwa die halbe Länge eines natürlichen Stoßes (Ellenbogen bis Handfläche), was zur Folge hat, dass der Spielball

mittig in der Stoßbewegung getroffen wird. Im Snooker (beim Stoß »in den Ball«) wird der Treffer auf den Spielball entsprechend nach der halben Pendelbewegung des Armes erzielt.
Beim Karambolage-Billard wird bei den technischen Disziplinen die Schnabellänge deutlich reduziert (bis hin zu nur fünf Zentimetern), da der Ball oft nur »geschoben« wird und hier höchste Treffergenauigkeit am Spielball erforderlich ist. Zudem erfolgt der Stoß nicht in seiner natürlichen Länge.
Leider hat sich speziell im Pool-Billard die Unsitte der überlangen Schnäbel eingeführt. Viele Spieler glauben, auf diese Weise ein besseres Blickfeld auf den Spielball oder eine bessere Kontrolle über den Treffpunkt an der Weißen zu haben – was natürlich ein gefährlicher Trugschluss ist:

- Der Blick auf den Spielball ist bei Weitem nicht so wichtig wie der Blick auf den Objektball.
- Exaktes Treffen des Spielballs wird mit jedem zusätzlichen Zentimeter Schnabellänge immer schwerer.
- Der Kontakt zum Spielball soll mittig in der natürlichen Stoßbewegung erfolgen (harmonischer Treffer in der Nulllage eines Pendels), da nur hier waagerechtes Treffen ohne störende »Nebenrichtungen« des Stoßes möglich ist.
- Lange Schnäbel zwingen den Spieler dazu, den Stoß unnatürlich zu verlängern, um dennoch »durch den Ball« zu stoßen, was unweigerlich zu einer Wellenbewegung des Queues führt.

Beachten Sie also bitte unbedingt Ihre Schnabellänge: Auch wenn es anfangs eine ungewohnte Optik für den Spieler bedeutet und sich seltsam anfühlt: Nur so kann Präzision und damit Kontrolle erzeugt werden.

Spiel mit idealer Schnabellänge

Falsch: gestreckter Arm

Falsch: Ellenbogen auf dem Tisch

Lassen Sie sich auch nicht von den Bildern unserer Top-Spieler blenden, die teilweise mit extremen Schnäbeln spielen: Die Frage ist auch hierbei nicht, was diese Spieler mit dieser Technik alles können, sondern, was sie mit optimaler Technik im Stande wären zu erreichen.

Der Führarm

Betrachten wir abschließend noch den Führarm, beim Rechtshänder also den linken Arm.

Falsch: der »Regenbogen«

Folgende Kriterien sollen erfüllt sein:

- Der Arm ist nicht völlig ausgestreckt.
- Die Brücke ist leicht in den Stoß gedreht.
- Der Ellenbogen liegt nicht auf dem Tisch.
- Der Arm bildet keinen »Regenbogen«.

Unter Berücksichtigung der notwendigen Drehung des Handgelenks (speziell bei den geschlossenen Brücken) fällt es den meisten Menschen allerdings leicht, diese Forderungen zu erfüllen. Eine völlige Streckung des Armes mit leicht gedrehtem Handgelenk ist beinahe unmöglich, ebenso die »Regenbogen-Haltung«. Nur das Ablegen des Ellenbogens auf dem Tisch kann sich jederzeit in Ihr Spiel einschleichen. Hier ist also Vorsicht geboten!

Beim Spielen von der Bande (Brücke außen am Tisch) sollte noch darauf geachtet werden, dass der Ellenbogen nicht deutlich unter das Niveau der Spielfläche absinkt. Das passiert leider sehr leicht, macht es allerdings fast unmöglich, einen sauberen Stoß auszuführen.

Die gerade geforderte Drehung des Handgelenks in den Stoß ist besonders bei geschlos-

Perfekte Anordnung und Ausrichtung des Führarms und der Brücke

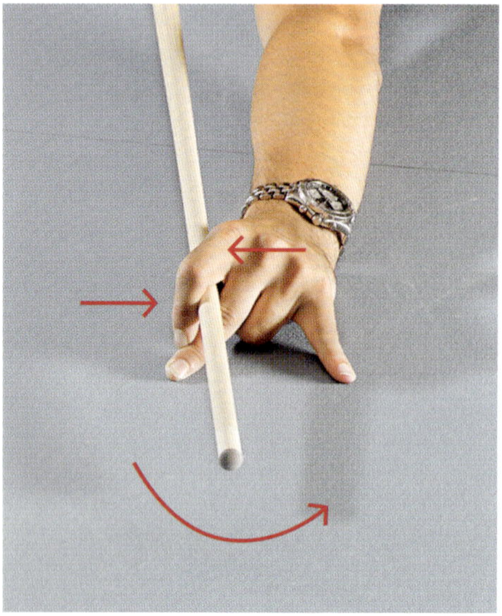

»Schief ziehen« des Queues beim Stoß

senen Brücken unbedingt erforderlich, da es sonst zu einer seitlich drehenden Vorspannung auf das Queue kommen kann. Ob man es glaubt oder nicht: Einige Spieler haben in jedem Stoß (ungewolltes) Effet, weil sie mit ihrer Bockhand jeden Stoß **»schief«** ziehen.

Die komplette Körperhaltung – Zusammenfassung

Fasst man nun alle bisherigen Erkenntnisse über Queue- und Körperhaltung zusammen, so ergibt sich praktisch das »Idealbild« eines (Pool-)Billardspielers.

➤ Das Gewicht ist gleichmäßig auf beide Beine verteilt.

➤ Die Bockhand trägt ebenfalls ausreichend Gewicht.

➤ Das vordere Bein wird unter Spannung gehalten, um ein Kippen des Spielers in den Stoß zu verhindern.

➤ Der Unterarm des Queue-Arms hängt im Moment des Treffens entspannt senkrecht nach unten.

Wie in den Abbildungen unten und S. 81 recht gut zu sehen ist, bildet der Körper des Spielers eine Art Dreieck aus dem senkrechten Queue-Arm, dem Queue und einer gedachten Linie vom Ellenbogen zur Bockhand. In den Bildern ist dabei gut zu sehen, dass

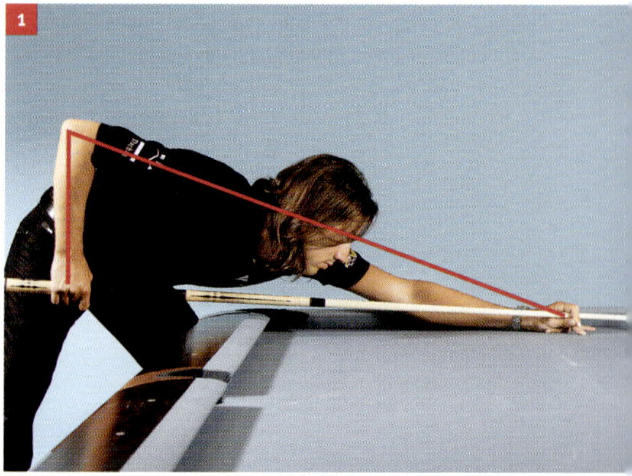

die Augen des Spielers im Idealfall ebenfalls im gedachten dritten Schenkel des Dreiecks liegen.
Man kann darüber hinaus gut erkennen, dass die beiden Schultern des Spielers nicht auf selber Höhe liegen, sondern sich ebenfalls entlang der Linie Ellenbogen–Bockhand ausrichten. Die Schulter des Queue-Arms liegt also höher als die der Führhand und der Oberkörper des Spielers ist somit – zumindest tendenziell – parallel zum Queue ausgerichtet.

Der Schnabel beim (Pool-)Billard ist ungefähr 15 bis 25 Zentimeter lang und entspricht damit in etwa der Länge einer Hand von den Fingerspitzen bis zum Handballen.
Gerade Bild 2 und 4 (die halb frontalen Ansichten) vermitteln einen guten Eindruck von der »konzentrierten Spannung«, die ein guter Billardspieler aufbringen muss. Ohne zu verspannen muss ein Spieler in der Lage sein, seine Haltung wackelfrei beizubehalten – selbst wenn er leicht von der Seite angestoßen werden würde.

Die Körpergeometrie eines Billardspielers aus diversen Blickwinkeln

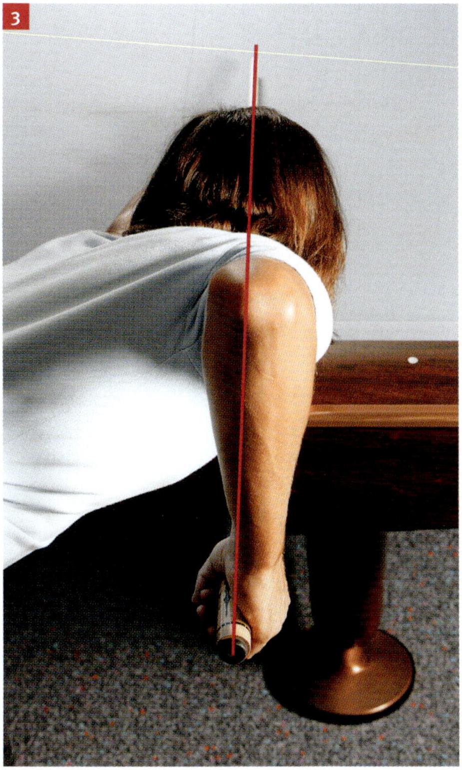

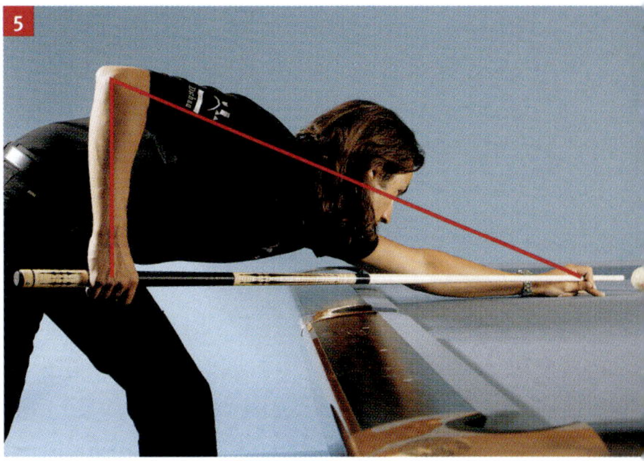

Queue-Arm und Stand

Auch das Fokussieren auf das Ziel kann in der Regel deutlich in der Körpersprache eines Top-Spielers erkannt werden.
Viele Spieler (wie auch unser Modell) bringen ein zusätzliches Maß an Körperspannung auf, indem sie Muskulatur und Sehnen im Unterarm der Bockhand mehr als notwendig anspannen. Diese »Überspannung« hat mit Sicherheit keinen negativen Einfluss auf das Spiel. Sie kann aber, je nach Spielertypus, durchaus mentale Vorteile bringen. Der Spieler spürt dabei selbst eine (positive) Anspannung, fühlt sich wach, konzentriert und ein bisschen wie die Raubkatze, die zum Sprung ansetzt.

Gerade diese besondere Mischung aus klassischem Konzentrationssport mit seinen sanften und zumeist ruhigen Bewegungen und der dargestellten enormen körperlichen Präsenz macht einen Teil vom Reiz des Billardspiels im Leistungssportbereich aus.
Um Billard auf höchstem Niveau betreiben zu können ist es daher notwendig, beides zu beherrschen: mentale Höchstleistungen fast im Bereich der Meditation und zugleich ein enormes Maß an Körperbeherrschung, was die Balance, die Feinmotorik und die Fähigkeit, entspannte Bewegungen mit einem ansonsten vorgespannten Körper auszuführen, betrifft.

Ob man es glaubt oder nicht, Fitness spielt somit im Billardsport eine nicht zu unterschätzende Rolle.

Das dominante Auge oder: Wie zielt man wohin?

Lehrbücher im Sport sind – gerade was technisch anspruchsvolle Koordinationssportarten betrifft – voll von Erwähnungen des **liniendominanten Auges.** Diese Besonderheit der räumlichen Sehfähigkeit des Menschen spielt im Billard naturgemäß ebenfalls eine herausragende Rolle.

Untersucht man das räumliche Sehen des Menschen, stellt sich heraus, dass er nur an einer Stelle des Sehbereichs eine gerade Linie, die sich von ihm wegbewegt, auch mühelos als solche erkennen kann. In der Regel liegt diese Stelle des liniendominanten Sehens nicht genau in der Mitte des Seh-

bereichs, also nicht in der vertikalen Linie Nase–Kinn.
Viele Lehrbücher und leider noch mehr »mitteilungsbedürftige« Sportler verkünden nun aber, dass sich genau dort das Queue unter dem Kopf zu befinden habe. Aus den obigen Ausführungen ergibt sich jedoch, dass dies absolut nicht (oder zumindest nur selten) der Wahrheit entspricht! Vielmehr gibt es für jeden Spieler eine exakte Stelle, an der er das Queue zu führen hat: eben diese Stelle des liniendominanten Sehens.

Das alles klingt nun deutlich schlimmer, als es in Wirklichkeit ist. Ein Mensch, dessen räumliche Sehfähigkeit nicht eingeschränkt ist – der also in der Lage ist, durch das Leben zu kommen ohne permanent anzustoßen –, wird sich immer automatisch richtig zum Queue positionieren. Er muss einfach nur versuchen, über dieses »Stück Holz« auf den Spielball oder auf das Ziel zu blicken. Erstaunlicherweise braucht er dazu nur seine alltäglichen Fähigkeiten.
Unproportional schwieriger wird die Angelegenheit, wenn ein Spieler erst einmal gelernt hat, das Queue mittig unter dem Kinn zu führen. Man gewöhnt sich unwahrscheinlich schnell an diese Kopf-zu-Queue-Haltung und empfindet sie als korrekt, insbesondere, wenn man permanent von seiner Umgebung hört, dass es so richtig sei. Dass man dabei mit einem Parallaxenfehler zielt und stößt, fällt dem Sportler in der Regel nicht auf (lange Bälle mit Winkel zum Loch gelten nun einmal als schwer).
Bei der Überprüfung durch einen fachkundigen Trainer ergibt sich dann allerdings oft, dass die Bälle einfach nur falsch angezielt werden (dem »seitenversetzten« Sehen des Spielers gemäß).
Die Korrektur dieses bei extrem vielen Billardspielern vorhandenen Fehlers ist naturgemäß besonders langwierig und umständlich. Dies ist allerdings leicht nachvollziehbar, wenn man überlegt, dass der Spieler lernen muss, gegen sein eigenes Empfinden von »gut« und zusätzlich gegen seine üblichen »Sichtlinien« zu spielen. Und das alles so lange, bis er das liniendominante Sehen (wieder) als normal empfindet.

Ein kleiner Tipp
Fühlen Sie sich von diesem Buch also erneut darin bestärkt, sich auf all die Fähigkeiten zu verlassen, die Sie durchs tägliche Leben bringen. Hören Sie nicht unbedingt immer nur auf die dogmatischen Aussagen Ihrer Billardumwelt!
Fast jeder Mensch »zielt« im Alltag liniendominant. Man kann allerdings sehr schnell im Billard eine Ausnahme dieser Fähigkeit erlernen oder gelehrt bekommen.

Noch einmal in aller Deutlichkeit:
Gerade blutige Anfänger machen selten Fehler bei der Kopf-zu-Queue-Haltung. Sie müssen nur einfach versuchen, aufrecht stehend zu zielen und dann in die Stoßhaltung überzugehen. Dabei blicken Sie über das »gerade Stück Holz« auf Ihr Ziel.
Werden Anfänger gar mit der bereits vorgestellten »Pinguinübung« (siehe S. 66 ff.) an das Spiel herangeführt, kommt es so gut wie nie zu einem Problem mit der Liniendominanz. Das Problem ist in diesem Fall viel eher, den Kopf in die richtige Position zu bringen.

Entfernten Punkt anvisieren

Erstes Auge abdecken

Ein klassischer Selbstversuch zur Liniendominanz

Suchen Sie sich ein senkrechtes Ziel (beispielsweise ein Rohr, eine Wandkante, einen Baumstamm etc.) in einigen Metern Entfernung. Halten Sie den Kopf gerade und blicken Sie auf das Ziel. Strecken Sie nun als Rechtshänder den rechten Arm komplett aus und halten am ausgestreckten Arm Ihren Zeigefinger vor das Ziel (wenn Sie sich sehr auf das Ziel konzentrieren, werden Sie bei Ihrem Finger Doppelbilder sehen, was aber ganz normal ist). Halten Sie sich nun mit der linken Hand das rechte und dann das linke Auge zu, ohne dabei den Kopf zu bewegen. Versuchen Sie bitte nicht, die Augen zuzukneifen, das spannt Muskeln an und verfälscht das Ergebnis. Eigentlich müsste dabei Ihr Zeigefinger gleich weit rechts und links neben dem Ziel erscheinen. Üblicherweise bleibt er allerdings beim Schließen eines Auges fast unverändert auf dem Ziel stehen. Das dabei geöffnete Auge ist das liniendominante Auge. Das Queue muss beim Spielen also mehr unter diesem Auge geführt werden. Die exakte Liniendominanz kann man selbst kaum feststellen, sie muss im Rahmen einiger einfacher Tests ermittelt werden. Das kann natürlich am besten mit Hilfe eines kompetenten Trainers geschehen.

Zweites Auge abdecken

Zielachse, hier leicht links versetzt

Wirft man einen Blick auf unser Modell auf den Fotos oben, so fällt auf, dass auch er sein Queue nicht exakt mittig unter der Nase führt. Zusätzlich ist der Kopf bei ihm auch noch leicht geneigt (schief zur eingezeichneten Achse und auch nicht exakt frontal in Blickrichtung ausgerichtet).

Diese »Finetuning-Maßnahmen« entwickeln sich bei einigen Spielern mehr oder weniger von alleine oder werden im Rahmen ausgedehnter Einzeltrainings mit Spitzensportlern evaluiert oder erst ermittelt.

Es kommt vor, dass Rechtshänder ein linksdominantes Auge haben (und umgekehrt). Diese bekommen zum Teil bei der Anordnung ihres Kopfes über dem Queue enorme räumliche oder muskuläre Probleme. Hier kann nur noch das Schiefhalten des Kopfes (linkes Auge weiter vorne) Abhilfe schaffen. Beobachtet man die Spieler der Weltspitze, wird man einige Beispiele dieser Körperhaltung finden.

Im Snooker wird die Kinnfurche auf dem Queue positioniert, das Kinn dient praktisch als zusätzliche Führung des Queues. Damit bleibt zur Korrektur der Liniendominanz nur die Methode mit der Drehung des Kopfes, also dem »Nach-vorne-Bringen« des dominanten Auges.

NORTH
AMERICAN
OPEN 8-BALL

Das Spiel mit Queue und Kugel

Nach all der Theorie wird es nun Zeit, dass wir uns der eigentlichen Spieltechnik im Billard widmen. Zuerst betrachten wir den tatsächlichen Ablauf des Stoßes und versuchen nachzuweisen, dass der Stoß im Billard am Besten mit dem Werfen einer Frisbee-Scheibe zu vergleichen ist. Im Anschluss daran gehe ich auf die einzelnen »Arbeitsschritte« ein, die ein Spieler beachten sollte, wenn er einen Stoß ausführt.
Im letzten Teil dieses Abschnittes wird dann noch eines der größten Probleme im Billardspiel beleuchtet: das Zielen.
Die Ausführungen zum eigentlichen Stoß und zum Stoßablauf sind natürlich in ihrer Darstellung sehr Pool-Billard-lastig, was mit Sicherheit in meiner Tätigkeit als Bundestrainer dieser Sportart begründet liegt. Es zeigt sich allerdings, dass auch im Karambolage-Billard (abgesehen von den besonderen Stoßformen in den »technischen Disziplinen« mit ihren extrem kurzen Ballwegen) gerade im Dreiband vermehrt mit der stoßenergiereichen Pool-Technik gearbeitet und diese von Teilen der Weltspitze auch bei Pool-Trainern erarbeitet wird. Im Snooker hat spätestens mit Stephen Hendry ebenfalls der weit durchgeschwungene Stoß das klassische »In-den-Ball-Stoßen« abgelöst, was in jeder Fernsehübertragung gut zu beobachten ist.

Ralph Eckert (»Pink Panther«), Jahrgang 1965: Buchautor, Trainer, Pro-Tour-Spieler, Trickstoß World-Master und World-Champion, Geschäftspartner und nebenbei noch einer meiner besten Freunde

Der Stoßablauf – Billard ist Frisbee?

Die entscheidende Komponente im betrachteten Bewegungsablauf ist natürlich der eigentliche Stoß, also das Anschwingen des Balles, gefolgt von der Bewegung, die den Kontakt zwischen Queue und Spielball herstellt.
Es dürfte jedermann einleuchten, dass der Spieler das Billardspiel nur in einem einzigen kleinen Moment wirklich beeinflussen kann. Dieser Moment ist der eben besagte Kontakt zwischen Queue und Spielball.
Erfolg und Misserfolg jedes einzelnen Stoßes entscheiden sich also innerhalb eines Sekundenbruchteils. Der gesamte Stoß selbst benötigt nicht einmal eine Sekunde, die eigentliche Berührung zwischen Pomeranze und Spielball dauert entsprechend nur Millisekunden. Es liegt auf der Hand, dass genau in diesem Teil der Bewegung auch die meisten Fehler begangen werden.
Eine alte Trainerweisheit lautet entsprechend: »Stöße werden niemals nach vorne, sondern immer nach hinten verrissen.« Gemeint ist damit eine viel zu schnelle Ausholbewegung

mit dem Spielarm. Von Jerry Briesath, einem der großen alten amerikanischen Billardtrainer heißt es, er hätte an der Wand seiner Billardschule den Satz »slow down your backswing« mehrere Meter breit verewigt. Psychologisch gesehen stellt aber gerade dieses langsame und ruhige Ausholen eine der größten Hürden dar: Wenn man viel erreichen will (in diesem Fall also den Ball weit bewegen oder viel Wirkung erzeugen), ist es die natürlichste Sache der Welt, das Queue fester zu greifen und den Stoß kraftvoller, also härter auszuführen. Dazu holt man entsprechend schnell und wuchtig aus.
Nachdem diese Ausholbewegung nicht bis zu einem natürlichen oder anatomischen Ende erfolgt, muss sie der Körper durch schiere Muskelkraft abrupt stoppen. Dabei reißt man unwillkürlich das Queue zur Seite und der anschließende Stoß erfolgt in eine andere Richtung als geplant. Die Abweichungen sind zwar klein, reichen in einem Sport, in dem es um Zehntel Millimeter geht, natürlich jederzeit aus, das Ziel erschütternd weit zu verfehlen.
Die Vorwärtsbewegung – also der eigentliche Stoß – sollte ebenfalls möglichst frei von störenden Fremdeinflüssen erfolgen. Dazu wird er so waagerecht wie möglich (Achtung: Die meisten Spieler spielen zu steil oder heben das Queue beim Ausholen extrem an) und gleichmäßig beschleunigt ausgeführt. Der (gefühlt) schnellste Punkt der Bewegung ist entsprechend nicht der Kontaktpunkt mit dem Spielball, sondern das (anatomische) Ende des Stoßes.
Der Stoß sollte also ohne unnötigen Muskeleinsatz erfolgen (zur »anatomischen Ausrichtung« eines Spielers siehe S. 66 ff.).
Der Rückschwung muss ruhig sein, der Stoß gleichmäßig beschleunigt und so waagerecht wie möglich erfolgen.
Damit hat man nun also eines der klassischen Trainingsprobleme: Der Schüler (als normaler Durchschnittsmensch) kann sich in der Regel nur auf zwei Dinge gleichzeitig konzentrieren. Das Erlernen des Stoßes ist damit – zumindest pädagogisch-didaktisch betrachtet – alles andere als trivial.
Ein bildhafter Vergleich, auch (oder gerade) wenn er artfremd ist, kann hier wahre Wunder bewirken. Wie die Kapitelüberschrift bereits verrät, benutzen wir das Frisbee-Spielen in diesem Fall als bildhaften Vergleich (siehe Fotos S. 90 f.): Das Zielen erfolgt entspannt in etwa eine halbe Bewegungsweite vom Körper entfernt. Der Rückschwung findet eher langsam, locker und ruhig bis zum hinteren Ende der Bewegung statt. Von dort an wird der Arm mit der Frisbee-Scheibe locker, aber konstant beschleunigt vom Körper wegbewegt. Die Scheibe verlässt dabei die Hand etwa mittig der ganzen Wurfbewegung. Der Arm wird jeoch bis zum Ende der Bewegung weiterbewegt bzw. -beschleunigt.
Exakt die gleichen Bewegungsteile finden wir beim Billardstoß auch:
Das Anzielen beim Frisbee entspricht beim Billard dem »point of no return«, der ja ebenfalls in etwa eine halbe Schwungweite vom Körper entfernt stattfindet, also direkt vor der Kugel. Im Anschluss daran wird das Queue langsam und gleichmäßig bis zu seinem natürlichen Bewegungsende (also ganz nach hinten) bewegt. Von dort aus wird es gleichmäßig nach vorne beschleunigt. Auf halbem Weg durch die Bewegung erfolgt das Treffen des Spielballs (anstelle des Loslas-

sens der Frisbee-Scheibe). Nach diesem entscheidenden »Bewegungsknoten« wird der Stoß einfach bis zu seinem natürlichen (anatomischen) Ende fortgeführt bzw. weiterbeschleunigt.

Der Stoß erfolgt also direkt **durch** den Ball und darf auf keinen Fall »auf den Ball« ausgeführt werden. Stöße, die (wenn auch nur gedanklich) am Spielball enden, können deswegen leicht zum Misserfolg werden. Grund dieses Misserfolgs ist in den meisten Fällen willentlicher Muskeleinsatz – zum exakten Treffen eines speziellen Treffpunkts oder zum abrupten Stoppen der Bewegung an dieser Stelle. Wie bereits dargestellt, kann der außerplanmäßige Einsatz von Muskulatur die Stoßrichtung verändern.
Der Spielball neigt in diesen Fällen außerdem noch dazu, vom Queue wegzuspringen, erhält weniger oder unsaubere Wirkung und kann kaum noch kontrolliert werden.
Eine komplett ausgeführte und beschleunigte Bewegung durch den Ball garantiert dagegen eine extrem harmonische Impuls- und Momentübertragung auf den Spielball. Die elastischen Eigenschaften und das Schwingvermögen der Oberteile werden dabei ebenfalls ideal ausgereizt: Das Queue hilft also dem Spieler und fungiert nicht mehr als limitierender Faktor.
Um bei den limitierenden Faktoren zu bleiben: Das persönliche Empfinden der Spieler im Hinblick auf die Stoßenergie und die in diesem Zusammenhang verwendeten Begrifflichkeiten können ebenfalls leicht zum Problem werden.
Soll ein Schüler mehr Wirkung in einem Ball erzeugen oder diese Wirkung über eine längere Distanz transportieren, so hört man Trainer oder andere Schüler öfter Attribute wie »fester« oder »härter« benutzen. Beide Kommandos führen unweigerlich in den Misserfolg, da sie ja nur das persönliche Empfinden bei einem weiten oder sehr wirkungsvollen Ball widerspiegeln – eben dass er (vermeintlich) härter gestoßen wird.
In Wirklichkeit wurde der Ball natürlich mit mehr (Stoß-)Geschwindigkeit ausgeführt, da Energie im Billard fast nur in Form von Impuls (Masse mal Geschwindigkeit) übertragen wird. Das Treffen des Spielballs mit höherer Geschwindigkeit führt auch zu einer deutlicheren (Rück-)Reaktion in Richtung des Queues, da der physikalisch träge Spielball sich laut Newton nicht bewegen will. Das Queue büßt beim Aufprall auf die weiße Kugel in etwa seine halbe Geschwindigkeit ein, was – speziell bei hohen Geschwindigkeiten als »harter« Schlag am Handgelenk zu spüren ist.
Das Kommando müsste also nicht »härter«, sondern »schneller« lauten, was sich allerdings im täglichen Trainingseinsatz als wenig erfolgreich erwiesen hat. Die Diskrepanz zwischen persönlichem Empfinden und erhaltenem Befehl scheint dabei zu groß zu sein.
Verwendet man allerdings das auf den ersten Blick eher abwegige Bild des Frisbee, so kann man die Wirkung, die der Schüler am Spielball erzeugen soll, hervorragend steuern: Es ist ein klarer Unterschied zwischen dem Werfen einer Frisbee-Scheibe über den Billardtisch, über zwei Tische, durch die Billardhalle oder durch ein Fußballstadion. Die Scheibe wird dabei natürlich nicht mit zunehmender Härte oder Kraft, sondern mit

Zielen

»Point of no Return«

Ausholen

Ausholen

Beschleunigen

Beschleunigen

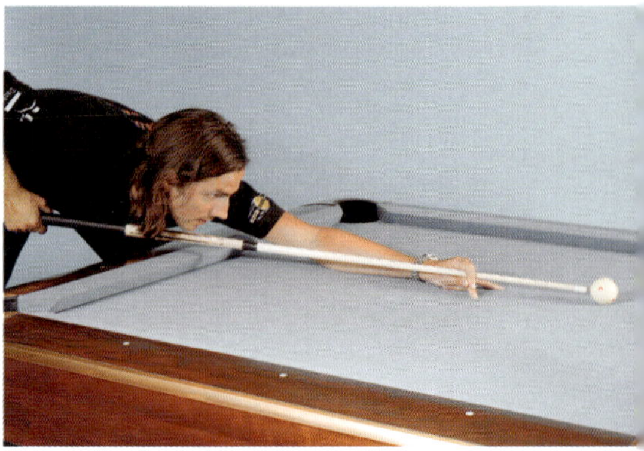

Beschleunigen – loslassen

Beschleunigen – treffen

Bewegung bis zum Ende weiter beschleunigen bzw. fortführen

Bewegung bis zum Ende weiter beschleunigen bzw. fortführen

Der Ablauf eines Stoßes in Gegenüberstellung zum Werfen einer Frisbee-Scheibe

steigender Endgeschwindigkeit der Bewegung geworfen, also genau das, was man im Billard auch erreichen will.
Versuchen Sie doch einfach auch einmal, am Billardtisch den Frisbee unterschiedlich weit zu werfen (natürlich im übertragenen Sinn: mit dem Queue in der Hand).

Am Besten übt man diese Art des geradlinig beschleunigten Stoßes mit Hilfe einer einfachen Übung, die auch in meinen eigenen Trainingsprogrammen als **Grundübung 1** Einzug gehalten hat. Es werden auf einem Pooltisch alle 16 verfügbaren Kugeln auf einer Linie quer zum Tisch (z. B. Kopflinie)

aufgestellt. Der Schüler schießt nun jeweils acht Kugeln in das rechte und acht Kugeln in das linke Eckloch. Dabei kann auf den richtigen Abstand zum Ball, die korrekte (natürliche) und immer gleiche Stoßlänge (etwa Unterarm plus Handfläche) sowie die beschleunigte geradlinige und waagerechte Bewegung durch den Ball geachtet werden. Ebenso darauf, dass die Stöße alle gleich klingen. Der Klang eines Stoßes verrät ebenfalls viel darüber, ob er gut ausgeführt worden ist oder nicht. Gut getroffene Bälle klingen angenehmer und insgesamt deutlich leiser und »satter«.
Snooker- und Karambolage-Spieler, die Interesse an dieser Übung haben, sollten sie ebenfalls auf dem Pool-Tisch ausführen. Zur echten »Einschleifung« des Bewegungsablaufs sollte mit sogenannten Überlernmengen, also Wiederholungen von bis zu 15 000 Stück, gearbeitet werden – zumindest im Leistungssport.

Der Stoßablauf – von Spionen, Generälen und Soldaten

Ist die Klippe des korrekten Stoßes einmal überwunden, so kann man sich der gesamten komplexen Aufgabe widmen, die einem Spieler bevorsteht, wenn er einen sinnvollen Stoß im Spiel auszuführen hat.
Im folgenden Abschnitt soll der gesamte Ablauf eines Stoßes mit allen notwendigen Handlungen und Überlegungen aufgezeigt werden. In der Realität lassen Spieler des Öfteren Teile dieses Ablaufes bewusst oder leider auch aus schlichter Schlamperei weg. Es sei hier allerdings erwähnt, dass die Argumentation »Die Guten im Fernsehen machen das auch nicht (immer) so« absolut irreführend ist, da alle Top-Spieler in der Lage sind, ihr Spiel wie dargestellt ablaufen zu

Grundübung 1

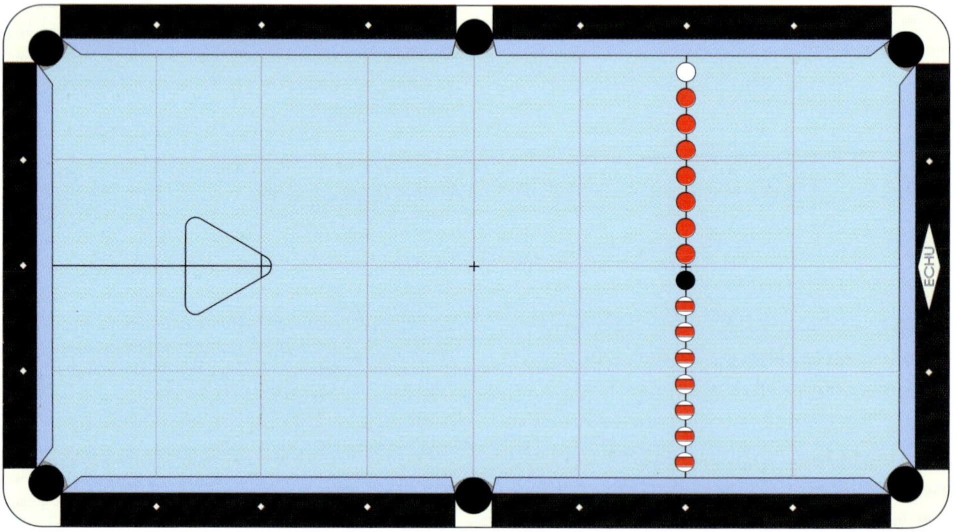

lassen. Das machen sie in der Regel auch, sobald sie unter Druck geraten.
Jeder Spieler, der sein Spiel verbessern oder zumindest egalisieren möchte oder gar Kontrolle über den Spielball erlangen will, muss lernen, komplett »mit Ablaufplan« zu spielen. Nur so kann ein Spieler diesen Ablauf als den »seinen« verinnerlichen und seinen eigenen Rhythmus, zu spielen und sich zu bewegen, finden. Hat er diese Phase durchlaufen, wird er von alleine anfangen, in Standardsituationen Energie zu sparen und Teile des Ablaufes zu verschleifen oder wegzulassen. In Drucksituationen wird er allerdings immer wieder zum eingeprägten Standard zurückfinden – eine Tatsache, die ihm auf jeden Fall einen permanenten Vorteil verschaffen wird.
Darüber hinaus ist das Erlernen der Kontrolle des Spielballs im Billard nur möglich, wenn ein permanenter Soll-Ist-Vergleich durchgeführt werden kann. Dieser Vergleich findet im Billard zwischen dem gefassten Plan und seiner Visualisierung und dem tatsächlichen Geschehen statt. Nur anhand dieses Vergleiches kann der Spieler feststellen, welche seiner Pläne er sicher umsetzen kann, wo es klaren Übungsbedarf gibt bzw. welche Situationen er sogar auf eine unmögliche Art und Weise zu lösen versucht.
Da dieser Vergleich gerade in den ersten Jahren einer aktiven Billardkarriere eher deprimierend ausfällt, lassen sehr viele Spieler es gar nicht so weit kommen: Sie spielen viel zu schnell und versuchen gar nicht erst, sich den geplanten Stoß vor seiner Ausführung exakt bildhaft vorzustellen. Das Spiel von vielen Aktiven stagniert genau deswegen und sie werden nicht wirklich besser. Darin

Dominik Jentsch – ihm gehört vielleich ein Teil der Zukunft im Pool-Billard.

liegt ein großes Risiko beim Erlernen des Billardspiels begründet.
Bereits beim Frisbee wurde der Vorteil der artfremden Bilder erklärt, nun gehen wir noch einen Schritt weiter und versuchen, den Ablauf eines Billardstoßes anhand einer militärischen Operation zu erklären. Diese Vorgehensweise soll es dem Spieler ebenfalls ermöglichen, selbst unter Druck den richtigen Ablauf beizubehalten, ohne daraus störende »technische Kommandos« für seinen Körper abzuleiten.
Zudem soll die Fähigkeit des menschlichen Gehirns, assoziativ, das bedeutet mit Bildern statt technischen Beschreibungen zu arbeiten, in das Billardspiel integriert werden.

Endspiel im 9-Ball

Stellen wir uns also vor, Spieler A kommt an den Tisch und findet folgende Situation (siehe Bild 1) vor.
Es handelt sich um eine relativ einfache Spielsituation, bei der die schwarze Acht in das Eckloch rechts im Bildhintergrund und dann die entscheidende Neun in das linke Mittelloch versenkt werden sollen. Die meisten Spieler würden sich mit der Lösung dieses Problems keine zwei Sekunden aufhalten. Internationale Top-Spieler verwenden allerdings auch auf eine solche Situation ausreichend Zeit und Aufwand. Und das nicht nur, wenn es die entscheidende Position in einem WM-Finale ist (dann allerdings natürlich erst recht).

Bevor er sich einen Plan zur Lösung der Situation zurechtlegen kann, braucht unser Spieler ausreichend Informationen, am besten in Form von Bildern. In der angesprochenen militärischen Operation ist es ja auch zuallererst nötig, einen **Spion** hinter die feindlichen Linien zu schicken, der mit einem Fotoapparat bewaffnet ist. Dieser Spion soll nun die entscheidenden Bilder liefern, um bei ihrer Analyse eine sinnvolle Entscheidung treffen zu können. Als Spion fungiert natürlich der Spieler, sein Fotoapparat sind seine Augen. Die Bilder sollen dabei in der Abfolge ihrer Wichtigkeit geschossen werden. Da das Wichtigste beim Pool-Billard das Versenken des Balles ist, geht der erste

Blick auch über die schwarze Acht ins entsprechende Loch. Bei dieser Gelegenheit kann sich der erfahrene Spieler bereits einen kleinen geistigen Film zurechtlegen, der zeigt, wie der Ball ins Loch rollt und darin verschwindet.
Unterstützend kann (wie unten im Bild 2 zu sehen) auch das Queue als Zielhilfe benutzt und in Laufrichtung des Objektballs arrangiert werden.
Ich bin kein besonderer Freund davon, sich exakte Treffpunkte am Objektball einzuprägen. Das Unterbewusstsein eines geübten Spielers sollte das exakte Treffen eigentlich fehlerfrei ausführen (reproduzieren) können. Wir kommen ja auch im täglichen Leben sehr gut damit zurecht, Dinge zu greifen oder zu treffen. Dabei müssen wir uns nur selten überlegen, wo genau wir etwas berühren müssen. Mit Hilfe solcher Überlegungen wird eher eine regelrechte Panik erzeugt, den richtigen Punkt nicht zu treffen – was dann auch fast unweigerlich zum Misserfolg führt.
Die nächste wichtige Information ist der resultierende Trefferwinkel des **Spielballs (SB)** auf den **Objektball (OB).** Unser Spion macht also ein Bild über den SB in (Stoß-)Richtung OB (Bild 3).
Auf diesem Bild kann man auch gut erkennen, dass der Spieler dabei gerne vom Tisch zurücktreten darf oder sogar soll, um seinen Blickwinkel zu verbessern.

Blick Objektball – Loch

Blick Spielball – Objektball

4

Blick auf den Folgeball

Das nächste Foto (Bild 4) betrifft die Fortsetzbarkeit des Spieles, also die gewünschte Position des Spielballs nach dem Stoß. Da die abschließende Neun ins Mittelloch versenkt werden soll, wird ein Foto geschossen, das zeigen soll, wie der Spieler diesen Ball gerne beim Anzielen auf den nächsten Stoß sehen würde. In diesem Fall wäre natürlich ein gerader Ball in Richtung Mittelloch sehr erwünscht.

Diese Information ist für den Spieler mit Abstand die gefährlichste: Schon oft wurde das Stellungsspiel so in den Vordergrund gerückt, dass vor lauter »Stellung spielen« der Objektball nicht versenkt worden ist.

Nun sind alle notwendigen Informationen zum Planen des Spielzugs eingeholt und der Spion hat seinen Auftrag erfüllt. Er kann die Fotos in einen Umschlag stecken und diesen an den zuständigen **General** weiterleiten.

Im Gehirn unseres Spielers geschieht dieser Vorgang natürlich automatisch nach Betrachten der letzten Perspektive.

Der Plan wird visualisiert.

5

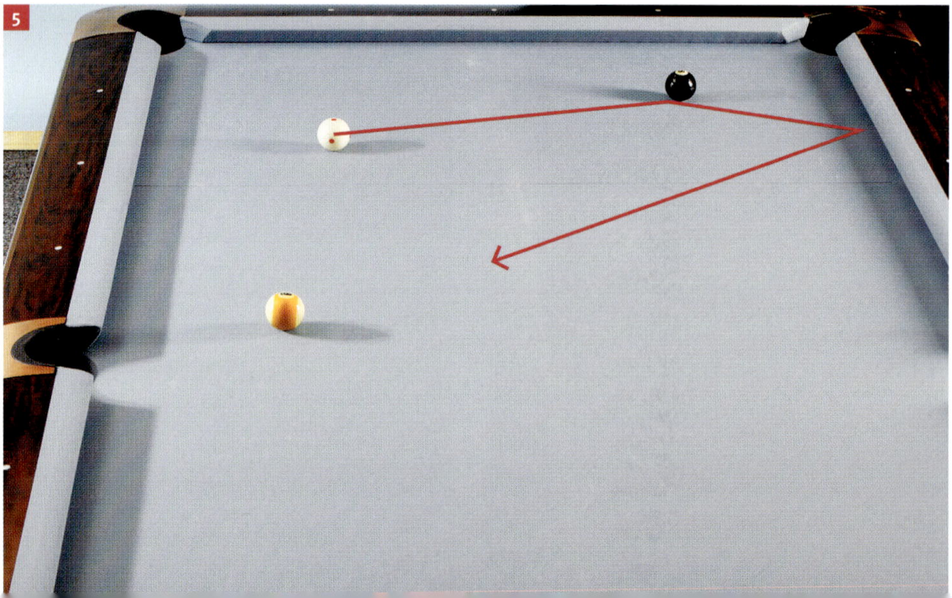

Der Soldat sucht seinen Stoßanfang.

Nach dem Sammeln aller Informationen liegt es am General, die notwendigen taktischen Entscheidungen zu treffen, Er muss sich also aus der Vielzahl aller möglichen Spielzüge für den einfachsten oder passendsten entscheiden.

Er ist es auch, der den Spielzug visualisiert, also praktisch eine kleine Skizze für den ausführenden **Soldaten** zeichnet (Bild 5). Idealerweise dreht er sogar einen kleinen Film, der die Bewegungen der Kugeln exakt wiedergibt. Ein geübter Spieler kann auf diese Art sogar kleine Bögen oder das Beschleunigen von Effetbällen an der Bande vor seinem geistigen Auge sehen. Die Informationsdichte dieses Filmes ist deutlich höher als jede technische Beschreibung (»diesen Ball mit einem Leder breit Nachlauf und etwas rechtem Effet, den Treffpunkt korrigieren usw.«). In unserem Spieler laufen diese Überlegungen natürlich wie von alleine ab, nur die nötige Zeit muss er sich eben nehmen (was leider in der Praxis viel zu selten geschieht).

In der Regel wird spätestens jetzt gekreidet. Nun liegt es am geübten Soldaten, den gezeichneten oder gefilmten Befehl des Generals umzusetzen. Einige Soldaten (sehr wenige) brauchen dennoch detaillierte technische Beschreibungen, auch wenn, wie beschrieben, diese Form der Befehle für das menschliche Gehirn eher ungeeignet ist. Jeder Spieler muss selbst herausfinden, mit welcher

Form der Befehle er am besten zurechtkommt, den assoziativ-bildhaften sollte dabei entsprechend der Vorzug gegeben werden.

Der Soldat darf sich in Entscheidungen des Generals natürlich nicht einmischen: Er ist ein rein ausführendes Organ. Diese Feststellung kann helfen, in einem Spieler mögliche Zweifel oder »wirre Gedanken« während der Stoßausführung zu unterbinden.

Damit der Soldat den Stoß – wie oft genug exerziert (Stoßtraining = Exerzieren des Soldaten!) – ausführen kann, muss er sich anatomisch korrekt zum Stoß aufstellen. Aus diesem Grund holt er erneut die Perspektive OB – Loch (Zielpunkt) und SB – OB (Ausgangspunkt des Stoßes) ein (Bild 6 und 7 auf S. 97).

Dabei achtet er darauf, so weit vom Tisch entfernt zu sein, dass er sich beim Einnehmen der korrekten Stoßhaltung vorwärts in den Stoß bewegen kann. Nur durch diese Vorwärtsbewegung kann man eine Bewegung exakt ausrichten. Die meisten Spieler bewegen sich rückwärts-seitwärts in den Stoß, was eher als »gut geübtes Raten« bezeichnet werden muss!

Nachdem sich der Soldat also in seiner Stoßrichtung aufgestellt hat, führt er seinen ebenfalls gut exerzierten Bewegungsablauf (Grundübung »einhändig spielen«) durch, um seine Spielhaltung einzunehmen (Bild 8).

In der Darstellung wechseln wir nun die Perspektive, um den weiteren Ablauf des Stoßes quasi über den Rücken des Spielers betrachten zu können.

Der Spieler macht seine Probeschwünge und kontrolliert dabei passiv, ob alles in Ordnung ist: ob der Treffpunkt an der weißen Kugel, die eingenommene Haltung und die grundsätzliche Ausrichtung auf das Ziel korrekt sind.

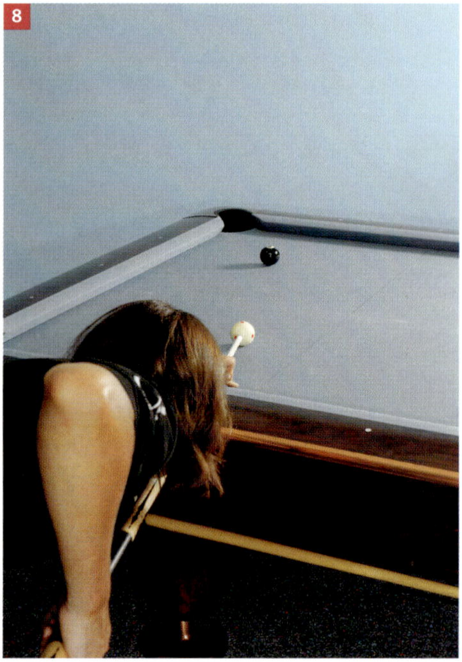

Anzielen des OB

Besonders wichtig ist in diesem Zusammenhang das Wort »passiv«: Ein Soldat fragt sich auch nicht ständig, ob er das, was er permanent exerziert, auch richtig macht. Gemeint ist eher, die Situation auf sich wirken zu lassen. Erscheint etwas schlecht oder unpassend (sieht es also schlecht aus), so muss der Stoß sofort abgebrochen werden. Eine Nachkorrektur ist weder möglich noch sinnvoll, man könnte sich das anatomisch korrekte Ausrichten und Stehen sonst auch sparen. Die Abbruchszenarien werden am Ende dieser Betrachtung geschildert.

Wird nichts als störend oder falsch empfunden, so kommt es zum **point of no return** (Bild 9): Das Queue wird am vorderen Ende der Probeschwünge (also kurz vor dem Spielball) angehalten. Dieser Stopp dient nur dazu, den eigentlichen Stoß vom gesamten Rest der Bewegung zu isolieren und kann auch in Form einer sehr kurzen (bis fast unmerklichen) Pause ausgeführt werden.
Nun erfolgt eine ruhige und gleichmäßige Ausholbewegung (Bild 10) und dann wird der Stoß (wie beschrieben) gleichmäßig beschleunigt, geradlinig und waagerecht durch den Spielball bis zu seinem anatomischen Ende ausgeführt (Bild 11). Das Exerzieren des eigentlichen Stoßes ist somit die bereits beschriebene Grundübung 1.
Bei den Probeschwüngen kann der Blick und damit der persönliche Fokus gerne zwischen Spielball und Objektball hin und her wechseln. Im »point of no return« wechselt der Fokus allerdings endgültig ins Ziel, also zum Objektball, und bleibt auch dort. Dieser Zielpunkt stellt für den Spieler nun das Ende seines kleinen Universums dar und sein Fokus ruht ausschließlich dort. Ebenso sollte der Spieler von diesem Moment an im Geist schweigen – Ruhe halten.
Der Fokus und damit die körperliche Spannung am Ende des Stoßes wird nun mindestens so lange aufrecht erhalten, bis der Spielball im Fokuspunkt angelangt ist (beim Spiel über Bande wäre das somit ein Punkt an der ersten Bande).
Erst wenn der Spielball dort aufgetaucht ist, darf sich der Soldat (Spieler) wieder bewegen und sich zurückziehen – eine Bewegung rückwärts, bei der sich beide Beine bewegen

»Point of no return« – ausholen – stoßen

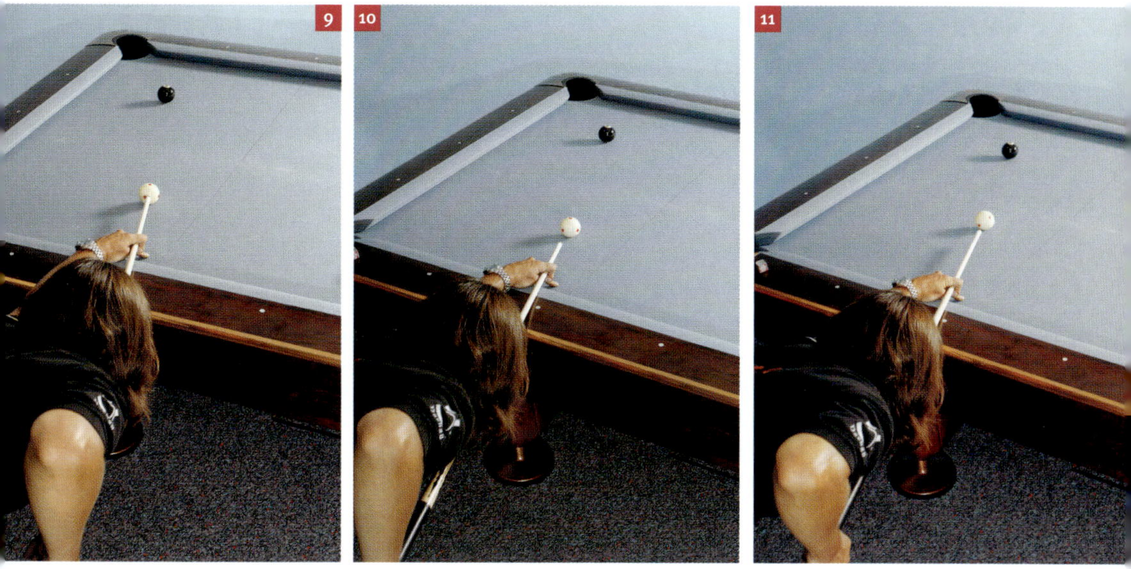

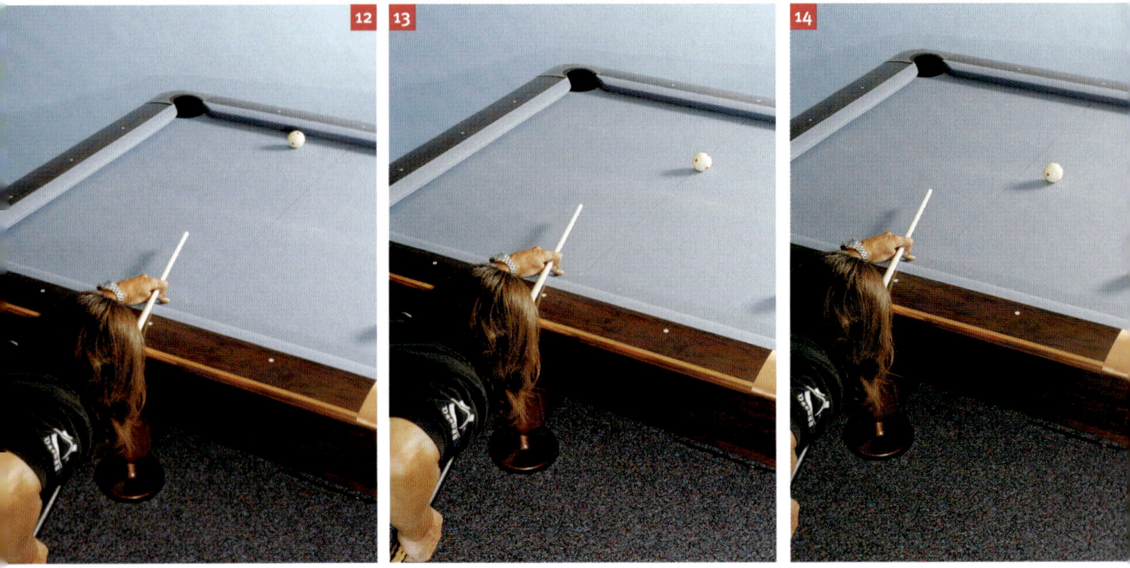

Die Spannung am Stoßende halten

müssen! Das ist wichtig, um zu gewährleisten, dass der nächste Ball erneut komplett von vorne begonnen werden kann (und sich dann beide Beine wieder bewegen müssen).

In der dargestellten Bilderfolge kann man diesen Bewegungsablauf deutlich verfolgen: Ausgehend vom »point of no return« wird ruhig ausgeholt und dann nach vorne durch den Spielball beschleunigt (Bild 9 bis 11, S. 99). Am anatomischen Ende dieser Bewegung wird die Spannung des Stoßes mindestens bis zum Eintreffen des Spielballs im Fokuspunkt gehalten. In diesem Fall sogar bis der Spielball wieder zum Stehen kommt (Bild 12 bis 14).
Nun kann der gesamte Ablauf mit dem nächsten Ball erneut beginnen.

Der dargestellte Ablauf kann auch tabellarisch zusammengefasst werden (S. 101):
Der gesamte Stoßablauf ist also eine Art Countdown zur in letzter Instanz einzig relevanten Bewegung des gesamten Ablaufes: dem eigentlichen Stoß (5.).
Zusätzlich ermöglicht dieser Ablauf den exakten Soll-Ist-Vergleich der Visualisierung (2.) und des Ergebnisses des Stoßes. Der Lernerfolg sollte sich also von ganz alleine einstellen. Dazu muss der Spieler nur tapfer genug sein, dem Ergebnis dieser permanenten inneren Erfolgskontrolle ins Auge zu blicken.
Darüber hinaus können die einzelnen Teile des Ablaufes einzeln trainiert (exerziert) werden – das Einnehmen des Standes (Queue- und Körperhaltung) sowie der eigentliche Stoß. Dieser wichtigste Teil von allen wird im gesamten Stoßablauf durch den »point of no return« isoliert und erhält

das höchste Gewicht. Beeinflussung von außen oder innen wird durch routiniertes Ablaufen des Systems und durch den Zustand der geistigen Ruhe beim Stoß praktisch eliminiert.
Zugegeben: Es ist viel zu lernen, sehr anstrengend und noch dazu wirklich nervenaufreibend, bis man es intus hat. Der mögliche Erfolg rechtfertigt diese Mühen allerdings in jedem Fall. Wahre Kontrolle über das Spiel kann nur auf diesem oder einem vergleichbaren Weg erreicht werden.

Zu guter Letzt nun noch die versprochenen »Abbruchszenarien«: Der ausführende Soldat darf sich eigentlich nicht anmaßen, die Entscheidungen des Generals zu kritisieren oder anderweitig in das Geschehen einzugreifen. Unser Soldat darf das unter gewissen Umständen hin und wieder schon:

<table>
<tr><td>Spion</td><td>1. Perspektiven holen
a. Blick OB ins Ziel (Loch)
b. Blick SB auf OB
c. Blick aus der geplanten Stellung auf nächsten OB</td><td rowspan="2">Kreiden</td><td>Information</td></tr>
<tr><td>General</td><td>2. Visualisieren
Den geplanten Spielzug möglichst detailgetreu vor dem »inneren Auge« ablaufen lassen (Stoßgefühl vorstellen/Skizzen machen/Film drehen)</td><td>Taktik
Planung</td></tr>
<tr><td rowspan="6">Soldat</td><td>3. Stand einnehmen (beide Beine vorwärts!)
mit gegebenenfalls erneut 1a bis 1c</td><td></td><td rowspan="6">Technik
Ausführung</td></tr>
<tr><td>4. Probeschwünge
inklusive »passiver Kontrolle«</td><td></td></tr>
<tr><td>4a. Stopp der Bewegung (in der Regel vorne) ⇛ point of no return</td><td></td></tr>
<tr><td>5. Eigentlicher Stoß
a. Augen ruhen auf dem Ziel (OB/Punkt an Bande)
b. Queue bewegt sich ruhig zurück (»slow down your backswing«)
c. Queue wird bis zum physiologischen Stoßende konstant vorwärts beschleunigt ⇛ schnellster Punkt des Stoßes am Stoßende (nicht am Treffpunkt!);
Stoß endet dort automatisch
d. Es herrscht vollkommene »Stille im Geist«.</td><td>Geistige Leere</td></tr>
<tr><td>6. Spannung halten (im Stoßende)
bis SB im Ziel (OB oder Punkt an Bande)</td><td></td></tr>
<tr><td>7. Vom Tisch entfernen (beide Beine bewegen sich)</td><td></td></tr>
</table>

Szenario 1: »Treffe nicht richtig«
Liefert die passive Kontrolle ein negatives Ergebnis, ist der Soldat also der Meinung, dass dieser Stoß ein Misserfolg werden wird, so hat er die Erlaubnis (eigentlich den klaren Befehl), den Stoß sofort abzubrechen.
Er muss mit seinen Aufgaben erneut beginnen (also ab 3.) und muss sich dazu auch vom Tisch entfernt haben.

Der Ablauf dieses Abbruches wäre also tabellarisch:
1-2-3-4-Abbruch-7-3-4-5-6-7

Szenario 2: »Blöde Idee«
Ein für Soldaten im Gefecht eher gefährliches Szenario, aber bei uns unter Umständen erlaubt: Der Soldat gelangt beim Anschwingen zu der Erkenntnis, dass die Idee des Generals nicht gerade intelligent oder sogar unmöglich ist. Jetzt muss nicht nur der Stoß abgebrochen, es muss sogar ein völlig neuer Plan erstellt werden.
Dazu ist es in der Regel nötig, den Spion erneut loszuschicken.

Dieser Abbruch liest sich tabellarisch entsprechend:
1-2-3-4-Abbruch-7-1-2-3-4-5-6-7

Das Abbruchszenario 2 sollte es allerdings nicht allzu oft geben, es wäre für den betroffenen Billardspieler sonst ratsam, gemeinsam mit seinem General und seinem Soldaten kurz nach draußen zu treten und die Kompetenzen neu zu vergeben.
Unentschlossenheit und ewiger Zweifel sind zwei tödliche Gegner des guten Billardspiels.

Wie kommt die Kugel ins Loch – richtiges Zielen und Treffen

Es fällt immer wieder auf, dass gerade ungeübte Spieler große Schwierigkeiten damit haben, die Kugeln korrekt ins Loch zu versenken. Dies begründet sich vor allem darin, dass es beim Billardspielen einen kleinen Trick gibt: Gezielt wird immer mit der Mitte des Spielballs, getroffen wird allerdings mit dem Rand dieser Kugel. Das hat zur Folge, dass man eigentlich »neben« den Punkt zielen müsste, den man später treffen möchte. Kaum ein Spieler hat Probleme mit dem Ausfindigmachen des richtigen Anspielpunkts am Objektball. Die Erfahrungen des »täglichen Lebens« führen dazu, dass man sich in der Regel für den richtigen Punkt entscheidet. Versucht man etwa, einen x-beliebigen Gegenstand an eine andere Stelle zu bewegen, hat der normale Durchschnittsbürger auch kaum Probleme damit, wo er den Gegenstand anfassen muss und in welche Richtung er schieben soll.
Findet man den richtigen Treffpunkt am Objektball dennoch nicht, so hilft folgende Überlegung: Um den Objektball direkt mit dem Queue zu versenken, muss man eine spezielle Stelle an ihm treffen. Diese Stelle liegt an einer Kugel, die ja bekanntlich im Querschnitt kreisrund ist, immer exakt gegenüber der Richtung, in die sich die Kugel bewegen soll. Der gesuchte Treffpunkt liegt also auf der dem Ziel gegenüberliegenden Seite der Objektkugel.
Im Stoßablauf hat der Spion ein Foto über die Objektkugel ins Loch geschossen. Dabei hat er also direkt den Treffpunkt fotografiert.

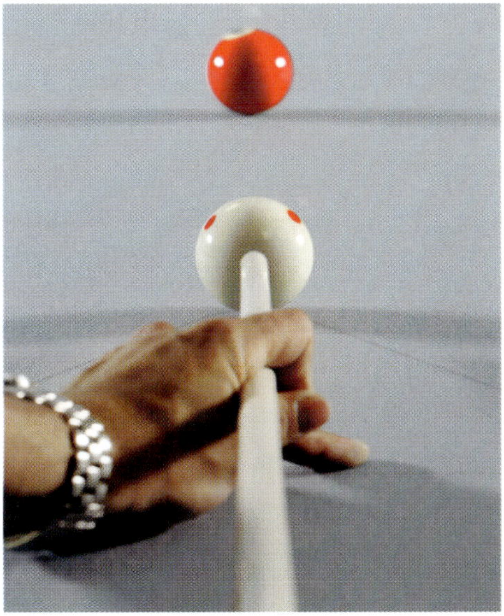

Das Zielen von vorne und aus Sicht des Spielers

Will man nun einen Ball geradeaus über den Tisch bewegen, so muss man nur mit dem Queue durch die Mitte des Spielballs auf die Mitte des Objektballs zielen. Die beiden Bilder oben zeigen einen solchen »geraden« Stoß in der Ansicht von vorne und aus Sicht des Spielers.

Sollte es allerdings nötig sein, den Objektball mit einem Winkel zu versenken, ihn also »anzuschneiden«, sieht die Sache schon anders aus: Visiert man erneut mit dem Queue durch den Spielball genau diesen Punkt an, wird man feststellen, dass man das Loch verfehlt.

Dieses Phänomen sucht besonders Freizeitspieler heim und kann diesen das Erfolgserlebnis nachhaltig verderben, vor allem, da es ja so einfach zu sein scheint, den Ball im Loch zu versenken.

Das reproduzierbare Verfehlen des Loches zeigt, dass sich Spiel- und Objektball offensichtlich an der falschen Stelle berühren.

In der Grafik auf Seite 104 erkennt man auch, warum es zu diesem Problem kommt: Durch das Zielen direkt auf den gedachten Anspielpunkt treffen sich Spielball und Objektball an einer anderen Stelle als gedacht.

Wie man erkennen kann, begeht man den Fehler, bei seinen Überlegungen den Spielball auf den Durchmesser des Queues oder sogar auf eine Linie zu reduzieren. Der Durchmesser des Spielballs führt aber dazu, das man den Objektball »eine halbe Kugel zu früh« trifft. Das wirkt sich natürlich mit zunehmendem Winkel des Objektballs immer negativer aus. Wenn der Objektball noch dazu weit vom Loch entfernt liegt, kann man dieses ohne weiteres so eklatant verfehlen,

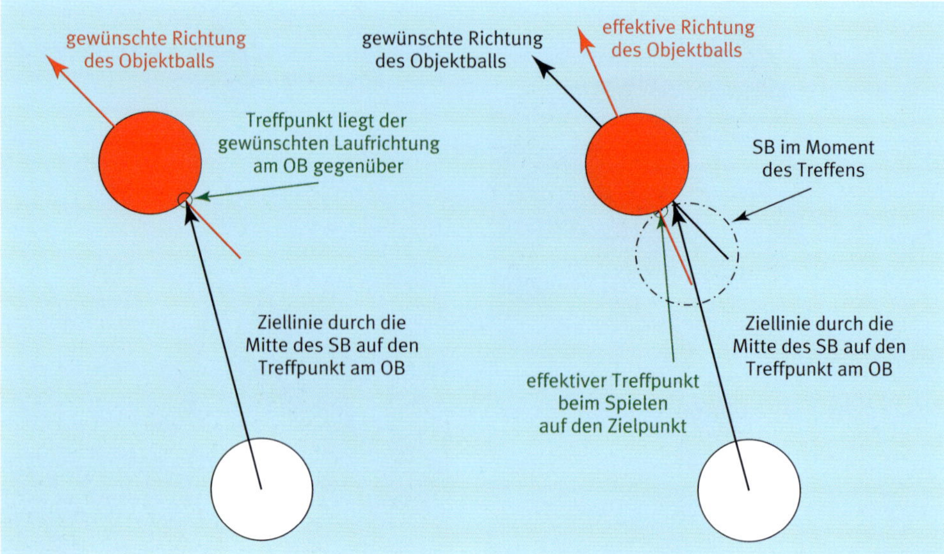

Warum man den Objektball nicht richtig trifft.

dass schon mancher Spieler ernsthaft an seinem räumlichen Vorstellungsvermögen zu zweifeln begonnen hat.

Will man dieses Problem umgehen, muss man sicherstellen, auch einen »winkligen« Ball noch so zu zielen, dass sich Spiel- und Objektball am richtigen Punkt treffen. Um dies zu erreichen ist es hilfreich, aus jedem Ball einen geraden Stoß, wie er oben beschrieben ist, zu machen. Das klingt zwar im ersten Moment sehr seltsam, ist aber bei genauerer Betrachtung gar nicht so schwer und bedarf nur einiger Vorstellungskraft:

Hat man den richtigen Treffpunkt am Objektball erst einmal gefunden (siehe oben), so kann jedermann ohne Schwierigkeiten einen Ball so auf den Tisch legen, dass er den Objektball genau an diesem berührt. Man hat so einen Ball genau an die Stelle gelegt, an der der Spielball ankommen muss, um den Objektball richtig zu treffen und wie gewünscht zu versenken. Würde man nun exakt geradeaus auf die Mitte dieses Balles zielen und spielen, so würde der ursprüngliche Objektball natürlich genau wie geplant im Loch verschwinden (der zusätzliche Ball und der Objektball treffen sich an genau der richtigen Stelle).

Nun ist es natürlich verboten, mitten im Spiel einfach einen Ball auf den Tisch zu legen. Daher muss man sich diesen »Spielball im Moment des Treffens« bildhaft vorstellen. Dieser visualisierte Ball, den man einfach mittig anspielen kann, wird auch **Geisterball** genannt. In der nächsten Grafik auf S. 105 wurde die ursprüngliche Zeichnung um den Geisterball und das gerade Anzielen ergänzt und zeigt nun recht anschaulich die besprochene Zielmethode.

Auf dem darüber stehenden Bild ist – erneut aus der Perspektive des Spielers – ein solcher »winkliger« Ball dargestellt. Man kann gut erkennen, dass auf die Mitte des Geisterballs gezielt wird, auch wenn das wie hier bedeutet, »neben« den anzuspielenden Ball zielen zu müssen.
Anfangs fällt es sicherlich vielen Spielern schwer, sich diesen nicht vorhandenen Ball vorzustellen. Mit der Zeit gewöhnt man sich allerdings recht gut an diese Vorgehensweise. Sie können mir sogar glauben, dass die Gewohnheit so weit geht, dass kaum ein guter Spieler seine Bälle wirklich mit dem Geisterball anzielt – der Zielvorgang adaptiert die Berücksichtigung des Kugeldurchmessers so weit, dass quasi von alleine eine halbe Kugel daneben gezielt wird. Der erfahrene und geübte Spieler zielt also wieder auf den Treffpunkt und sein Körper korrigiert automatisch um eine halbe Kugelstärke.

Sie werden feststellen, dass das Berücksichtigen des Durchmessers der weißen Kugel zu einer enormen Verbesserung Ihres Spieles führt.

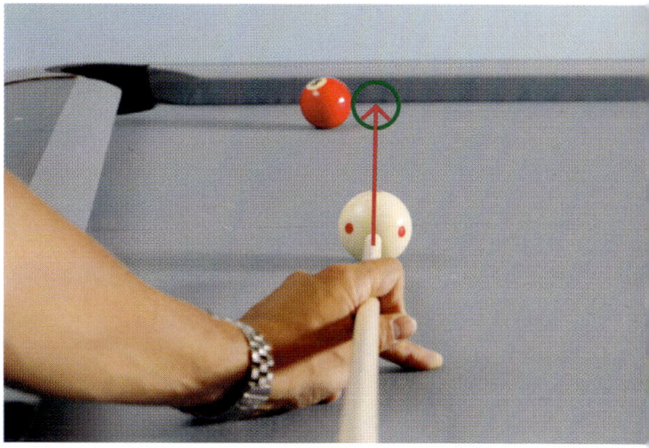

Das Zielen auf den Geisterball aus Sicht des Spielers

Wie man mit dem Geisterball zielt.

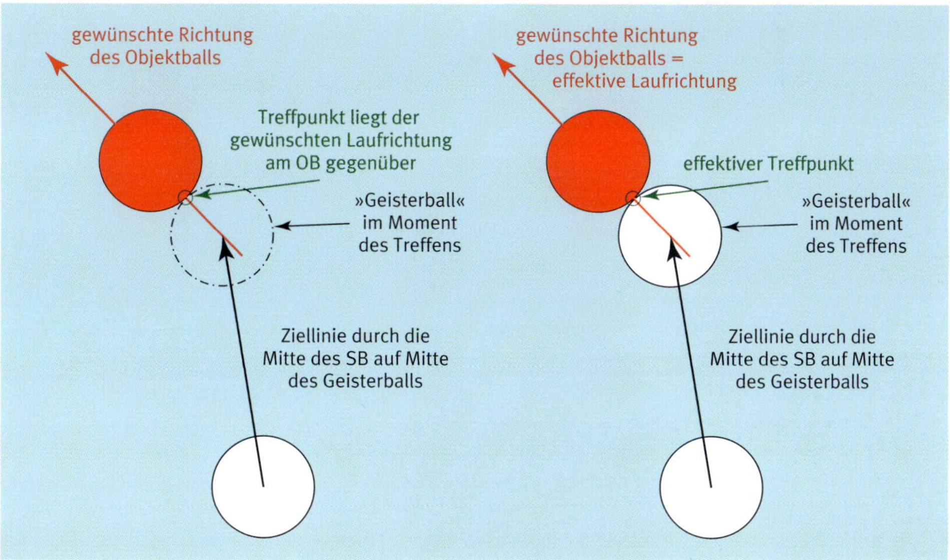

Das Verhalten der Spielkugel

Bisher haben wir uns ausführlich mit Stand, Queue und Körperhaltung sowie mit dem eigentlichen Stoß beschäftigt, also den Grundvoraussetzungen des Billardspiels. Nach diesen Betrachtungen sind wir nun in der Lage, uns mit den Möglichkeiten, das Verhalten des Spielballs zu kontrollieren, zu beschäftigen.

Rollende Kugel

Der einfachste Zustand, den ein bewegter Ball einnehmen kann, ist das Rollen. Betrachtet man das Rollen physikalisch, könnte man auch sagen, dass eine Kugel bei einer Umdrehung genau einmal ihren Umfang an Weg zurücklegt.
Bevor wir tiefer in die Materie einsteigen, sollte gleich zu Beginn festgehalten werden, dass der Billardspieler diesen Bewegungszustand mit dem Spielball auf dem Weg zum Objektball oder zur Bande unbedingt vermeiden möchte. Ein rollender Ball gehorcht in seiner Bewegung in erster Linie nicht dem Willen des Spielers, sondern wird leicht von anderen Einflussgrößen in seinem Lauf gestört. Diese können z.B. Unebenheiten im Tuch oder Verschmutzungen (Kreide) sein. Angespielte Objektkugeln »rollen« dagegen in der Regel so gut wie immer – sie können daher in ihrem Laufverhalten vom Spieler weit weniger exakt beeinflusst oder gar kontrolliert werden. In manchen Spielsituationen kann es möglich sein, einen Spielball nur zu rollen. Man spricht im Billard vom **Schubsen** oder **Schlecken.** Wie erwähnt sollte das aber nur in Ausnahmesituationen notwendig sein. Wenn der Spielball auf dem Weg zum Objektball nun aber nicht rollen soll, stellt sich die Frage, wie er dann kontrolliert bewegt werden kann.
Betrachtet man erneut die physikalische Festlegung des Begriffes »Rollen«, so ist es nahe liegend, dass die Kugel bei einer Umdrehung eben nicht ihren Umfang als Weg zurücklegen soll, dass sie also **Schlupf** hat. Dieser Schlupf kann sehr klein oder fast unmerklich ausfallen. Die Kugel kann sich in ihrer Bewegung allerdings auch extrem vorwärts, rückwärts oder seitwärts drehen, also »durchdrehen« oder sich überschlagen.
Aber warum soll dieser Bewegungszustand nun der bessere sein?
Ein Billardspieler überträgt Energie auf den Spielball nur im extrem kurzen Moment des Kontaktes zwischen Queue und Ball. Mit diesem Impuls erhält der Spielball auch seine Laufrichtung, die er so lange beibehält, bis erneut eine Kraft auf ihn einwirkt. Auf

Harald Stolka (»Dirty Harry«), Jahrgang 1975: unser Modell und einer der Spieler, die sehr viel über das Verhalten der Kugeln und damit auch das Spiel wissen

dem über den Tisch rollenden Ball wirken demnach keinerlei Kräfte ein, die ihn in seiner Richtung halten. Hat der Ball allerdings Schlupf, so wirkt an seinem Umfang eine zusätzliche Reibkraft. Diese ist zwar entgegengesetzt zum Schlupf gerichtet (also gegebenenfalls auch gegen die Laufrichtung), wirkt allerdings richtungsstabilisierend, da sie permanent an der Kugel wirksam ist.
Diese Beschreibung ist zwar physikalisch nicht wirklich einwandfrei, beschreibt den entscheidenden Hintergrund allerdings weitgehend richtig: Der Spieler kann das Verhalten des Spielballs auf dem Weg zum Objektball nicht permanent beeinflussen, er kann nur dafür sorgen, dass eine beeinflussende Größe wirksam bleibt.
Diese Vorgehensweise könnte man mit dem Verb »kontrollieren« beschreiben – und Kontrolle ist genau das, was der Spieler über das Verhalten des Spielballs erlangen muss.
Man spricht beim Billard von Wirkung, wenn Rotation oder Schlupf im Lauf des Spielballs erzeugt wird.

Stoppball

Die einfachste, aber mitunter auch beeindruckendste Wirkung, die ein Spieler dem Spielball mitgeben kann, ist ein **Stoppball.**
Der Spielball trifft dabei den Objektball völlig ohne Rotation, also praktisch unbewegt rutschend. Trifft ein auf diese Art bewegter Spielball geradeaus einen Objektball, so kommt es (physikalisch gesehen) zu einem vollkommen elastischen Stoß. Der Spielball übergibt dabei seine gesamte Energie an den Objektball, was zur Folge hat, dass er einfach stehen bleibt und der Objektball sich weiterbewegt.
Wie erzeugt man nun diese Wirkung? Rein dynamisch gesehen müssen nur die physikalischen Kräfte, die den Ball dazu bringen wollen, sich vorwärts zu überschlagen oder zu rollen, exakt ausgeglichen werden. Es muss also ein rückwärtiges Drehmoment in den Ball eingebracht werden.
In der Realität bedeutet diess, dass man den Spielball unterhalb seines Schwerpunkts treffen muss. Will man einen Stoppball auf eine kurze Entfernung erzeugen, so genügt es in der Regel, mit einem komplett ausbeschleunigten Stoß den Spielball kurz unter seiner Mitte zu treffen.

Stoppball aus Spielersicht

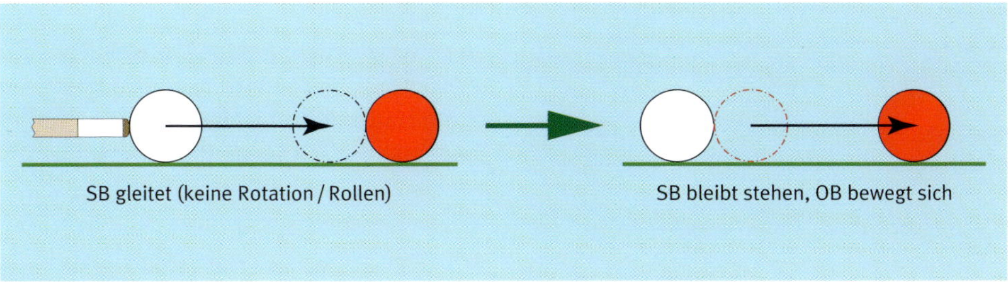

Der Stoppball

Auf weitere Entfernungen ist es dagegen nicht so einfach, den Spielball zum Rutschen zu bringen. Hier bedient man sich am besten einer »halben« Kugel und stellt sie zu Trainingszwecken quer vor sich auf. Quer bedeutet hierbei, dass der Streifen des Balles quer zur Stoßrichtung steht. Spielt man diesen Ball nun deutlich unterhalb seiner Mitte an, so rotiert er natürlich rückwärts (starkes rückwärtiges Drehmoment). Da die Reibung diese Rotation bremst, verliert sie sich. Bevor der Ball nun anfangen kann, sich vorwärts zu überschlagen, muss er einen kurzen Weg aufrecht gleitend zurücklegen. Der Einsatz der halben Kugel macht diesen Gleitzustand sehr deutlich, da man nun sehen kann, wie der Streifen des Balles innerhalb der Bewegung still stehen bleibt. Diese Phase dauert nur 5 bis 20 Zentimeter lang an. Und in dieser Phase würde der Spielball einen exakten Stoppball beschreiben, wenn er einen Objektball genau geradeaus treffen würde. Es ist also verhältnismäßig leicht, Stoppbälle zu trainieren: Man stößt den halben Ball tief getroffen über den Tisch und beobachtet, wo er »rutscht«. Nun wiederholt man den Stoß und versucht, ihn in derselben Entfernung erneut zum Rutschen zu bringen. Gelingt dies, ersetzt man den halben Ball durch den weißen Spielball und legt einen Objektball genau an die Stelle der Rutschphase. Gelingt der Stoß erneut, muss der Spielball einen Stoppball beschreiben. Auf dieselbe Weise kann man nun so lange weitertrainieren, bis man in der Lage ist, in jeder gewünschten Entfernung einen Stoppball zu erzeugen.

Zugball oder »Holer«

Bleiben wir beim Beispiel mit der halben Trainingskugel: Auf dem Weg zur Rutschphase rotiert die Kugel wie besprochen rückwärts. Würde die Spielkugel in dieser Phase der Rückwärtsrotation eine Objektkugel exakt geradeaus treffen, so würde sie nicht stehen bleiben, sondern auf ihrem eigenen Weg zurück in Richtung Spieler laufen. Diesen Stoß nennt man einen **Zugball** oder (speziell im Karambolage-Billard) **Holer.**
Für seine Wirksamkeit ist ausschließlich seine Umfangsgeschwindigkeit verantwortlich: Je schneller sich der Ball dreht, desto mehr (Rück-)Zugwirkung wird erzeugt.
Hier zeigt sich der Erfolg des gesamten Stoßtrainings: Je sauberer der Ball flach un-

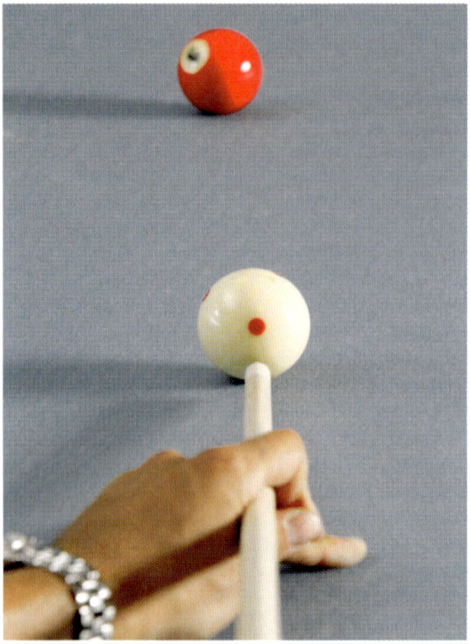

Zugball aus Spielersicht

ter dem Schwerpunkt der Kugel bis zu seinem anatomischen Ende ausbeschleunigt wird, desto mehr Rotation kann am Spielball erzeugt werden und desto mehr Zugwirkung ist vorhanden.
Spieler neigen leider dazu, diesen Stoß viel zu fest auszuführen, wenn der Objektball weit vom Spielball entfernt liegt (»man muss ja auch viel Wirkung erzeugen, also fest spielen ...«). Wie bereits im Kapitel »Der Stoßablauf – Billard ist Frisbee?«, S. 87 ff., beschrieben, ist das allerdings der völlig falsche Weg, um Wirkung zu erzeugen.
Es gibt eigentlich immer nur zwei Möglichkeiten, mehr Wirkung zu erzeugen: Einerseits kann man mit dem Queue den Spielball weiter außen treffen (in der Physik wird ein Moment über die Multiplikation von eingeleiteter Energie und dem Hebelarm = Abstand zum Mittelpunkt beschrieben). Das geht natürlich nicht bedingungslos lange gut: Ab einem gewissen Abstand zur Mitte rutscht man beim Treffen der weißen Kugel schlicht und ergreifend ab (der »Kicksbereich«). Andererseits kann man bei gleichem Treffpunkt an der Weißen die Endgeschwindigkeit des Stoßes erhöhen und damit mehr Rotation auf den Ball bringen. An dieser Stelle sei nochmals eindringlich an das Kapitel über den Stoß (S. 92 ff.) erinnert: Nicht der Moment, in dem der Spielball getroffen wird, ist entscheidend, sondern die erreichte Endgeschwindigkeit am anatomischen Stoßende (also hinter der weißen Kugel). Der Versuch, die Weiße schneller zu treffen, führt fast unweigerlich dazu, den Stoß völlig zu verreißen oder viel zu hart (kräftig) zu spielen.
Stöße immer durch den Ball beschleunigen, nicht auf den Ball.

Der Zugball

Abgesehen davon sind weit entfernte Zugbälle hauptsächlich mental ein großes Problem. So dumm es klingt: Nur der Spieler kennt die Entfernung, dem Ball ist sie egal. Der alte Spruch »weniger ist mehr« ist im Billard also speziell bei den Zugbällen (aber auch in vielen anderen Situationen) sehr richtig.

Nachlauf

Wenn wir uns bereits mit rückwärtsdrehenden oder gleitenden Kugeln beschäftigten, ist es nahe liegend, auch eine vorwärts gerichtete Rotation des Spielballs zu betrachten. Diese absichtliche Vorwärtsrotation wird **Nachlauf** genannt, da bei einem geraden Treffer auf den Objektball der vorwärts rotierende Spielball dem Objektball direkt folgt, ihm also nachläuft.
Analog zum Rückläufer muss es sich bei der Ursache des Nachlaufs ebenfalls um ein künstlich erzeugtes Drehmoment handeln. Bleiben wir bei der obigen Übung mit der halben Kugel: Nach der Rutschphase beginnt die weiße Kugel damit, einfach zu rollen. Trifft sie in dieser Phase ihrer Bewegung einen Objektball, so bleibt sie nicht stehen, sondern läuft dem Objektball ein Stück weit nach. Dieses Verhalten liegt darin begründet, dass die Kugel nicht ihre gesamte Energie auf den Objektball überträgt, sondern aufgrund ihrer Rollbewegung (Rotation) einen Teil ihrer Energie behält. Da der Spielball in diesem Beispiel allerdings nicht beginnt – quasi aus dem Nichts – »durchzudrehen«, spricht man in diesem Fall eher von **Verzögerungsbällen** als von echten Nachläufern.

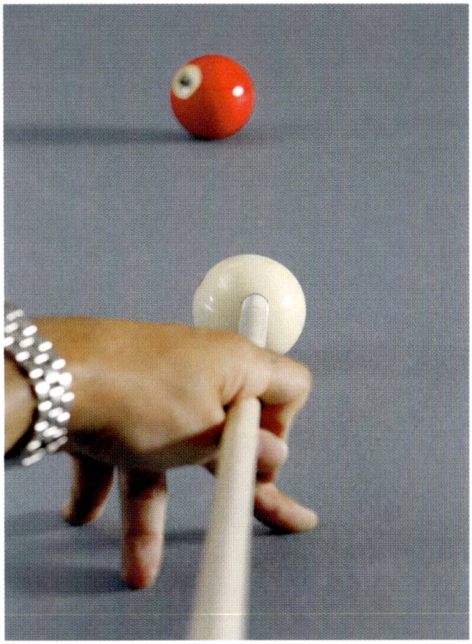

Nachlauf aus Spielersicht

Der Nachlauf

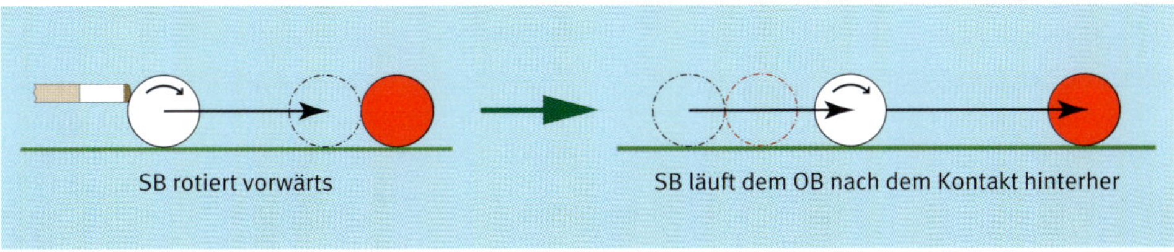

Die nachlaufende Wirkung dieser Bälle ist entsprechend auch nur gering. Zur Verdeutlichung können sie allerdings gut ins Feld geführt werden.
Wenn wir nun einen echten Nachlaufball erzeugen wollen, müssen wir der weißen Kugel das erwähnte zusätzliche Drehmoment mit auf den Weg geben. Das erreicht man natürlich, indem man den Spielball oberhalb seiner Mitte trifft und ihn somit zwingt, sich auf dem Weg zum Objektball vorwärts zu überschlagen.
Technisch gilt dieser Stoß als sehr einfach (er läuft mit der natürlichen Bewegung des Balles konform und widerspricht nicht – wie der Zugball – dem natürlichen Verhalten der Kugeln). Bei genauerer Betrachtung muss allerdings festgestellt werden, dass der Nachlaufball in Wirklichkeit der einzige »Sonderling« der üblichen Billardstöße ist: Wie im Kapitel »Der Stoßablauf – Billard ist Frisbee?«, S. 87 ff., beschrieben, versuchen wir immer, das Queue so waagerecht wie möglich durch den Spielball bis zum anatomischen Ende des Stoßes zu beschleunigen. Diese Bewegung ist aufgrund der räumlich-geometrischen Gegebenheiten in Wirklichkeit immer leicht nach unten gerichtet. Zur Verdeutlichung: Die Vorderkante der Bande eines Pool-Billardtischs liegt 36 Millimeter über der Spielfläche. Da man das Queue oberhalb der Bande bewegen muss, kann man davon ausgehen, dass die Mitte des Queues mindestens 50 bis 60 Millimeter oberhalb der Spielfläche bewegt wird. Die Mitte des Spielballs liegt aber nur 28,6 Millimeter höher als die Spielfläche. Bei Stopp- und Zugbällen hilft diese Abwärtsbewegung, da ein rückwärtiges Moment erzeugt werden soll. Beide Stoßvarianten könnten also auch mit deutlich steilerem Queue durchgeführt werden – auch wenn das den gesamten Stoßablauf zunichte machen würde (außerdem müsste man zwangsläufig eine Wellenbewegung im Stoß erzeugen, um ausreichend weit durch den Ball zu kommen). Das Einbringen eines vorwärtigen Drehmoments mit einer abwärts gerichteten Bewegung könnte man als kontraproduktiv oder sogar »dumme Idee« bezeichnen. Genau diese abwärts gerichtete Bewegung hat man beim Billard aber selbst beim Nachläufer, auch wenn man den Spielball so flach wie möglich trifft (maximal wohl bei 50 Millimeter über der Spielfläche). Da der normale Spieler das Queue eher 100 Millimeter oberhalb der Spielfläche über die Bande führt, wird der negative Einfluss des Stoßes auf die Nachlaufwirkung noch verstärkt.
Der Nachlauf muss also wirklich so waagerecht wie möglich ausgeführt werden und der Stoß darf dabei nicht wirklich geradlinig bis zu seinem anatomischen Ende erfolgen. Vielmehr sollte sich der Spieler einen virtuellen Endpunkt seines Stoßes suchen, der am anatomischen Ende des Stoßes und genauso hoch über der Spielfläche liegt wie der Treffpunkt am Spielball. Das erzeugt zwar zugegebenermaßen eine leichte Welle nach oben, die allerdings vernachlässigbar klein ausfällt und gleichzeitig maximale Ausbeute an Nachlaufwirkung garantiert. Natürlich gilt es zu beachten, dass der Stoß nun nicht unabsichtlich nach oben ausgeführt wird.
Man sieht, dass ein technisch korrekt ausgeführter Nachläufer den Spieler durchaus vor größere Probleme stellt. Selbstverständlich laufen auch alle fehlerhaft gespielten Nach-

läufer dem Objektball hinterher. Sie müssen allerdings mit viel mehr Energie geschossen werden, die Weiße neigt zum Springen (Stoß von oben in Richtung Mittelpunkt) und der Spielball bleibt eher unkontrollierbar.

Wer wirklich lernt, Nachlaufbälle richtig zu spielen, wird feststellen, dass man mit kaum Aufwand und Treffern nahe der Mitte des Spielballs ein sehr gut beherrschbares Instrument des Stellungsspiels an der Hand haben kann.

Kiss-Shot-Tangente oder Druckballlinie

Alle bisher dargestellten absichtlichen Einflussnahmen auf das Verhalten des Spielballs dienen natürlich der Kontrolle des Spieles. Billard wird grundsätzlich primär über das sogenannte Stellungsspiel kontrolliert, also über das Beherrschen des Verhaltens der weißen Kugel nach ihrem Kontakt mit dem Objektball.

Dieser Kontakt soll ja möglichst nicht rollend erfolgen, da die Kontrolle dann der einfachen Physik und den Gegebenheiten des Tisches überlassen wird. Ein Spielball, der den Objektball mit vom Spieler erzeugter Wirkung trifft, sollte hingegen auch dem Willen des Spielers gehorchen. Um diese Kontrolle realisieren zu können ist es noch erforderlich, einiges über das Verhalten sich treffender Kugeln in Erfahrung zu bringen:

Falls es ein großes Geheimnis im Billardspiel gibt, so ist es am ehesten das Wissen um die sogenannte **Druckballlinie.** Sie wird auch als **Kiss-Shot-Tangente** bezeichnet, was den wahren Kern der Sache auch deutlich besser ausdrückt: Ein **Kiss-Shot** ist ein Stoß, bei dem zuerst ein anderer Objektball angespielt wird, wobei der eigentlich zu versenkende Ball erst dann, quasi als »Abpraller« oder »Querschläger«, getroffen bzw. versenkt wird. Die Tangente im Berührpunkt ist dabei die am leichtesten zu kontrollierende Bahn des Spielballs nach dem ersten Objektball. Das alles klingt wie üblich viel komplizierter, als es sich in Wirklichkeit darstellt.

Betrachten wir das Problem nun Stück für Stück:

Der Spielball muss den Objektball gleitend – also mit Stoppballwirkung – treffen. In diesem Fall kommen einfachste physikalische Gesetzmäßigkeiten zum Tragen.

Die Druckballlinie

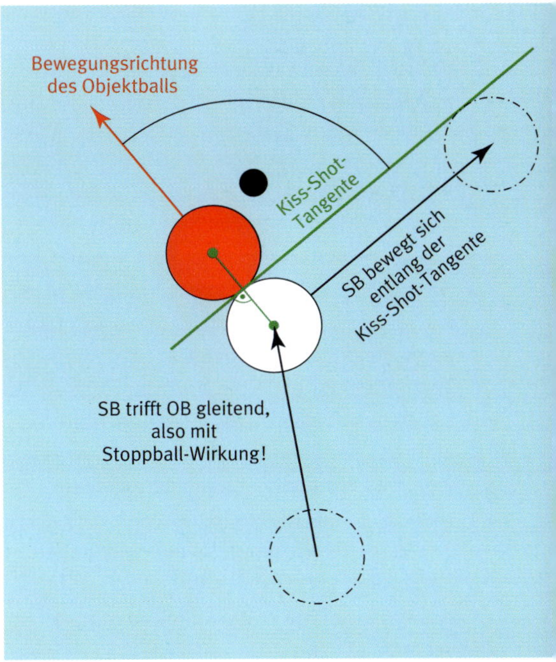

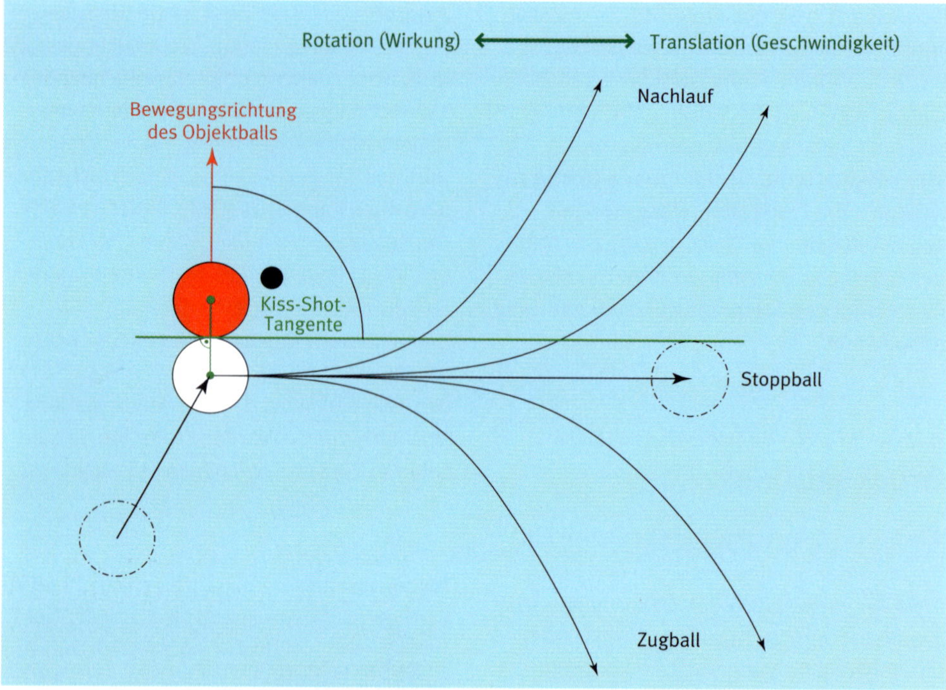

Ausbrechen der Spielkugel mit Nachlauf und Zugball

Verbindet man im Moment des Treffens die beiden Mittelpunkte von Spiel- und Objektball und errichtet genau im Berührpunkt eine Senkrechte auf diese Linie, so fungiert diese als Tangente am Objektball. Diese Tangente ist nichts anderes als besagte Kiss-Shot-Tangente oder eben die Druckballlinie. An ihr bewegt sich jeder im Moment des Treffens aufrecht gleitende Spielball vom Objektball weg. Das Wort »an« ist dabei besonders wichtig, da die Tangente nicht wie üblich den Weg des Mittelpunkts des Spielballs beschreibt, sondern den Weg des Berührpunkts, also eine halbe Kugelbreite parallel versetzt ist.

Das Erkennen dieser Tangente ist somit eine der wichtigsten Fähigkeiten, die ein Spieler entwickeln muss, um das Verhalten des Spielballes kontrollieren zu können. Besitzt der Spielball zusätzliche Rotation (vorwärts oder rückwärts), bewegt er sich dennoch zuerst ein kleines Stück auf der Tangente, bevor er diese entsprechend seiner Rotation vorwärts oder rückwärts verlässt. Der Zeitpunkt und die Heftigkeit dieses »Ausbrechens« aus dem natürlichen Laufweg werden dabei primär von der Rotations- und Bewegungsgeschwindigkeit des Spielballs beeinflusst. Bewegt sich der Spielball schnell zum Objektball (irrtümlich wird oft

von hart gestoßen gesprochen), verbleibt er länger an der Tangente als ein langsamerer (»weicher«) gestoßener Ball. Je mehr Rotationsgeschwindigkeit er hat (= Wirkung), desto extremer verlässt er die Tangente. Dabei beschreibt der Spielball immer einen Bogen – egal ob vorwärts oder rückwärts aus der **Tangente.**
Verständlicherweise dauert es sehr lange, bis man diese Bewegungen des Spielballs korrekt vorhersagen und damit im Umkehrschluss auch kontrollieren kann. Ohne das Wissen der physikalischen Hintergründe ist dieses Vorhaben allerdings generell unmöglich.

Effet

Betrachtet man das Verhalten des Spielballs und seine Beeinflussungsmöglichkeiten, kommt man nicht umhin, auch das Thema »Effet« zu berühren. Mit **Effet** wird die seitliche Rotation eines Balles bezeichnet.
Zu Beginn der Betrachtung muss jedoch mit Nachdruck darauf hingewiesen werden, dass (Seiten-)Effet alles andere als ein triviales Thema im Billard ist. Eine detaillierte und wenigstens bedingt umfassende Darstellung dieses Komplexes würde problemlos ein weiteres Buch füllen. An dieser Stelle kann daher nur ein kurzer Überblick erfolgen.

Linkseffet (links) und Rechtseffet (rechts) aus Spielersicht

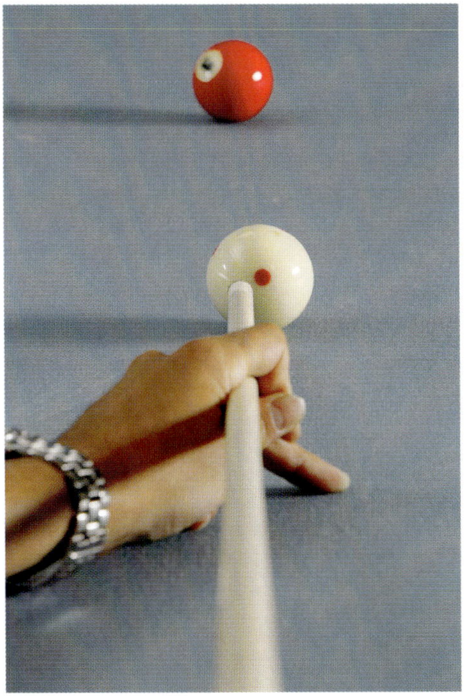

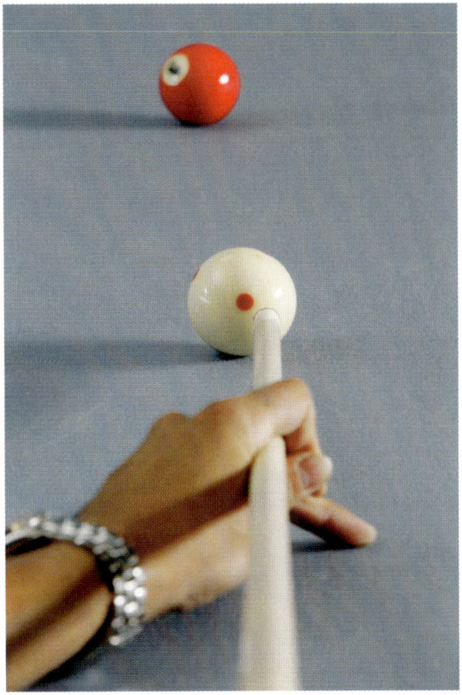

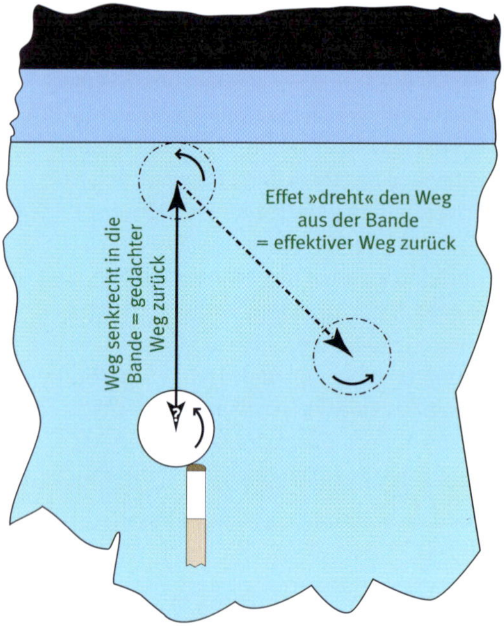

Effet »biegt« an der Bande ab.

Am einfachsten kann man die Wirkung von Seiteneffet beobachten, wenn ein seitlich rotierender Spielball geradeaus (senkrecht) in die Bande gespielt wird: Eigentlich sollte er auf demselben Weg zum Spieler zurückkommen, den er in die Bande genommen hat. Stattdessen folgt ein rechts drehender Ball einem deutlich nach rechts gerichteten Weg aus der Bande. Dieses Phänomen entsteht – einfach erklärt –, weil die Vorwärtsbewegung des Balles an der Bande gestoppt wird, seine Rotation jedoch nicht. Der Ball wird also nach links in die Bande geschraubt und spannt damit den Gummi und das Tuch an dieser Stelle vor. Die Bande wirft den Ball entsprechend von links nach rechts in den Tisch zurück, wobei der Ball sich in der Regel immer noch rechtsherum dreht.
Eine seitliche Rotation kann der Spielball durch einen seitlich versetzten Stoß mit einem Queue erhalten, allerdings auch durch einen anderen Ball. In diesem Fall spricht man von **natürlichem Effet.** Man erkennt diesen Effet oft, wenn man einen Spielball mit Hilfe eines (rotationslosen) Stoppballs entlang der Kiss-Shot-Tangente bewegt und dieser dann eine Bande anläuft. Der Spielball zeigt deutliche Effetwirkung, die offensichtlich automatisch entstanden ist. Dieses Mysterium lässt sich einfach erklären: Benutzen wir ein Beispiel aus dem täglichen Leben: Ein Mann geht auf der Straße und bleibt mit der linken Schulter an einem Straßenschild hängen. Egal welche Reaktion

Rechtseffet: eine reine Drehung um die Vertikalachse, hier ohne Vorwärtsbewegung (Translation)

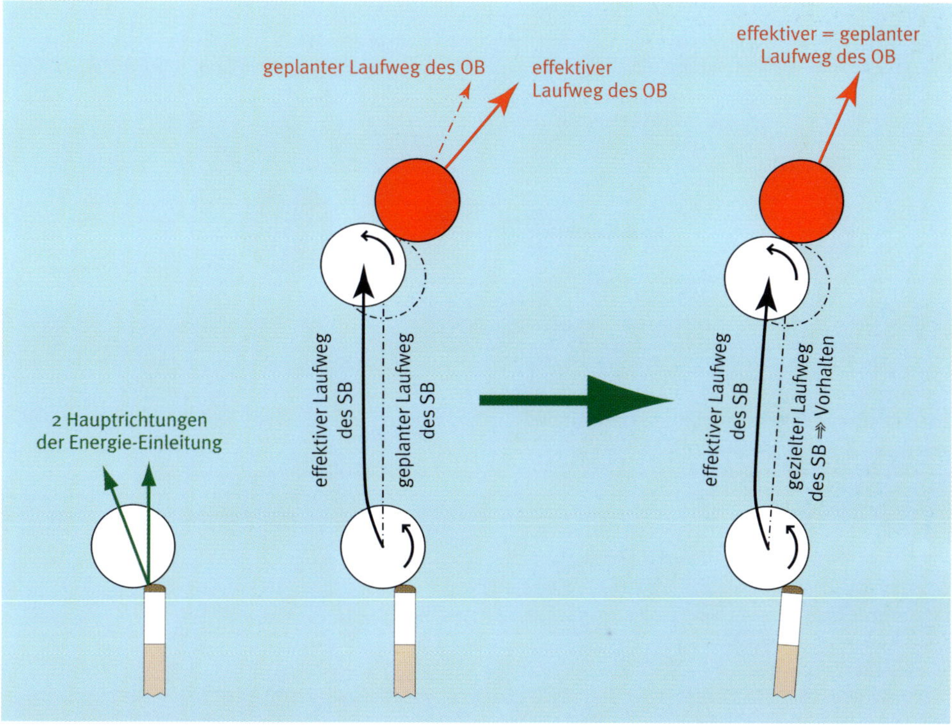

Versatz (Deflection bzw. Squirt) bei Effet

er sonst noch zeigt, wird er in jedem Fall eine rechtsgerichtete Drehung – quasi um den Kontaktpunkt – ausführen. Der Grund liegt auf der Hand, da seine Masse (der Trägheit gehorchend) geradeaus weitergehen möchte. Der linke Teil seiner Masse wird abrupt gebremst, der rechte nicht. Die Drehung ist unvermeidlich. Das Gleiche passiert mit dem Spielball, wenn ein Objektball versetzt getroffen wird.
So viel zum natürlichen Effet.

Erzeugt der Spieler den Effet – trifft den Spielball also seitlich versetzt –, erzeugt er gleichzeitig mit der Rotation einen seitlich auf den Spielball wirkenden Impuls. Dieser sorgt dafür, dass der Spielball sich nicht entlang der gedachten geraden Linie zum Objektball bewegt (Ziellinie), sondern auf einer dazu seitlich versetzten Bahn. Der Spielball beschreibt bei möglichst waagerechter Queue-Führung übrigens keinen (!) Bogen, wie das oft zu hören ist. Dieser vollkommen unkontrollierbare Bogen entsteht nur bei zu steiler Queue-Führung oder schlechtem Stoß, da es sich dann um einen Bogenstoß handelt.
Dazu aber später mehr.

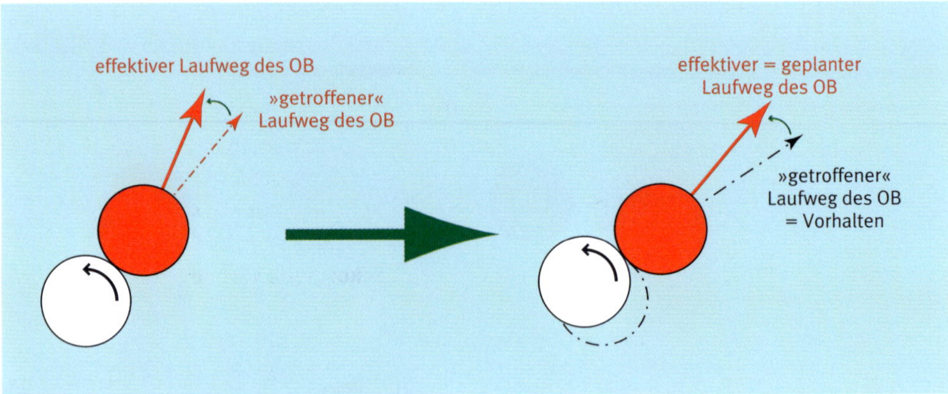

Das Verdrücken des Objektballs mit Effet (Throw)

Die Kombination von Deflection und Throw

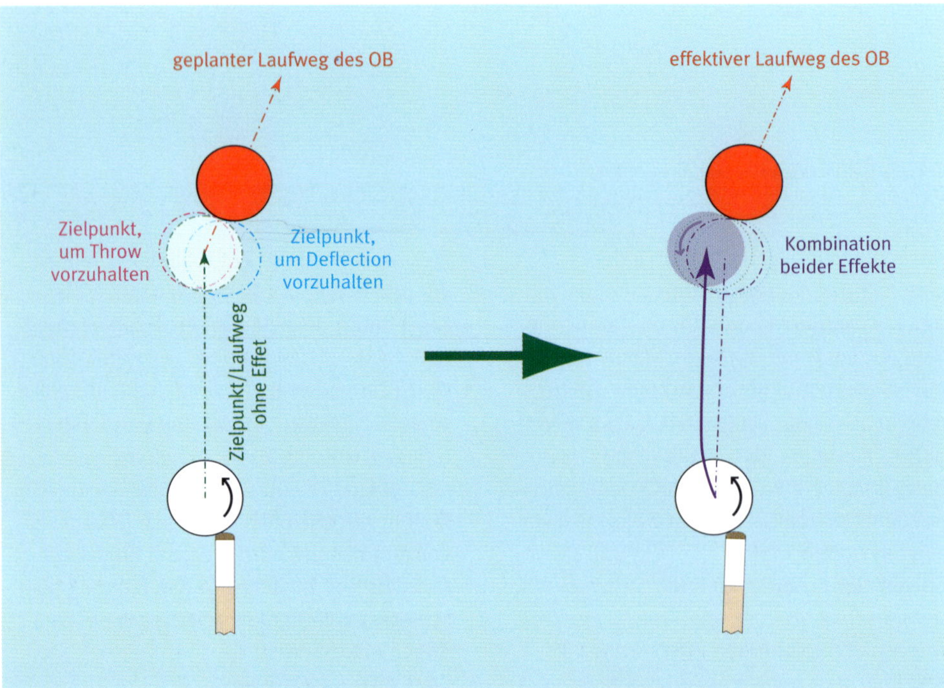

Will der Spieler einen Objektball mit seitlichem Effet anspielen, muss er diesen versetzt anzielen, er muss »vorhalten«.
Damit aber (leider) nicht genug: Trifft ein seitwärts drehender Spielball einen Objektball, wirkt er auf den Objektball wie ein Zahnrad und bewegt ihn entlang des Effets aus seiner ursprünglichen Bahn. Um das zu kompensieren, muss der Objektball erneut an einer anderen Stelle als gedacht getroffen werden. Es muss erneut »vorgehalten« werden – diesmal verwirrender Weise allerdings in die andere Richtung.

Zur Verdeutlichung, falls das möglich ist, ein kleines Beispiel:
Der Spieler schießt mit Rechtseffet (Queue trifft die Weiße rechts) auf den Objektball, um diesen zu versenken. Dabei wird der Spielball nach links versetzt, was dazu führt, dass der Spieler den Objektball weiter rechts anzielen muss, als er das ohne Effet tun würde. Da der Spielball den Weg des Objektballs allerdings nach links verändern wird, muss er ihn weiter links anzielen, um den Ball wie geplant versenken zu können.

Das Malheur wird deutlich:
Derselbe Ball muss gleichzeitig nach rechts und links vorgehalten werden.
Was die ganze Sache mit Sicherheit weder einfacher noch beherrschbarer macht!
In der Realität halten die Spieler ihre Stöße, ungeachtet der beiden »Effetkomponenten«, irgendwie und ausschließlich aus dem Bauch vor. Der Gedanke an sinnvolles oder sogar didaktisch basiertes Training erübrigt sich damit natürlich in den meisten Fällen von selbst.

Dieser didaktisch vernünftige Weg durch die einzelnen Komponenten des Effets und ihre Kontrolle kann fast nur mit Hilfe eines Trainers beschritten werden. Nur durch das aufeinander aufbauende Training der Effetwirkungen kann am Ende das Spielen aus dem Bauch (in Form von »Raten«) und damit in den meisten Fällen auch der Verlust der Spielkontrolle vermieden werden.

Betrachtet man nun das von einer reinen seitlichen Rotation verursachte Chaos, kann man sich in etwa vorstellen, wie sehr sich die Lage bei einer Überlagerung der verschiedenen Rotationen verschärft.
Ein Spieler sollte sich erst an diese Themen heranwagen, wenn er zumindest die einfachen Rotationen (also Lauf, Zug und Stopp) und die Druckballlinie beherrscht. Selbst dann sollte er diesen Weg nicht ohne kompetente Unterstützung durch einen Trainer beschreiten.

An dieser Stelle ein Hinweis an die »geübten« Spieler:
In 95 Prozent aller Fälle ist die Kombination der Wirkungen – also beispielsweise Nachlauf plus Seiteneffet – schlicht und ergreifend falsch oder zumindest unnötig risikoreich! Meine Erfahrung als Trainer zeigt, dass die Spieler auch hier dazu neigen, alles viel zu kompliziert zu machen.

Weiter als bis zu dieser Warnung soll das Thema »Effet« an dieser Stelle auch nicht mehr vertieft werden. Was nun noch bleibt, sind ein paar kurze Anmerkungen zu einigen »besonderen« Verhaltensweisen von Spielkugeln.

Piquet-Stoß

Bogenstöße – Massée und Piquet

Wie bereits weiter vorne erwähnt, handelt es sich hierbei um steil oder zumindest steiler gespielte Effetstöße. Durch das steilere Treffen des Spielballs wird (sehr vereinfacht ausgedrückt) eine geneigte Rotation erzeugt, die den Spielball einen Bogen beschreiben lässt. Trifft man die weiße Kugel (fast) senkrecht, so wird zusätzlich eine rückwärts drehende (Zugball-)Komponente erzeugt, die den Ball beinahe hakenförmige Bögen beschreiben lässt.

Steile Stöße werden allgemein als **Massée** bezeichnet. Haben sie einen Zugballanteil nennt man sie **Piquet.**
Bogenstöße sind in allen Billardvarianten erlaubt.

Jumpshots

Kommen wir nun am Ende unserer Betrachtungen zum wohl spektakulärsten Stoß im Pool-Billard: dem **Jumpshot.**
Wie der Name schon sagt, soll der Spielball dabei gezielt und geplant zum Springen gebracht werden.
Man darf diesen Stoß auf keinen Fall mit dem aus der Gaststätte bekannten »Lüpfer« verwechseln, bei dem der Spielball mit dem Queue von unten nach oben gespielt (also quasi vom Tisch geschaufelt) wird. Der Spielball darf bei einem regelkonformen Stoß nicht springen, wenn er unterhalb seiner Mitte getroffen wurde, was den erwähnten Lüpfer in jedem Fall zu einem Foul machen würde.

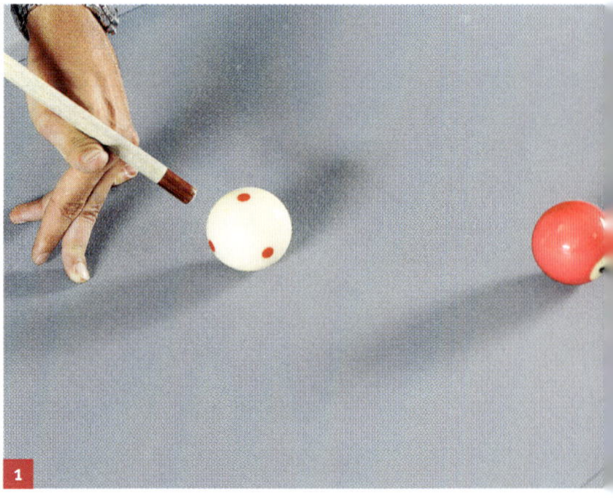

1

Es ist auch gar nicht notwendig, ein Foul zu begehen, um den Spielball springen zu lassen. Der Aufbau des Billardtischs hilft bei diesem Vorhaben: Schießt man einen Ball in Richtung der Spielfläche, muss der Ball ausweichen – der Tisch und die Schieferplatten werden es nicht tun. Wird der Spielball (kurz) oberhalb seiner Mitte und in Richtung auf seinen Mittelpunkt mit einem komplett beschleunigten Stoß gespielt, so bleibt ihm nur zu springen. Man muss dabei keine Angst davor haben, mit dem Queue in den Tisch zu stoßen, da der Spielball selbst das verhindert – auch wenn man sich vornimmt, den Stoß bis an sein anatomisches Ende zu beschleunigen.

Je steiler dabei gestoßen wird, desto schneller und höher springt der Ball.

Mittlerweile gibt es spezielle Queues, die nur für Jumpshots benutzt werden und daher viel steifer sind. Da man mit denselben Queues auch gut anstoßen kann, werden sie zumeist als **Break-/Jump-Queues (B/J)** gehandelt.

Die notwendigen steilen Stöße fallen mit kürzeren Queues deutlich leichter. Daher lassen sich Jump-Queues auf die vorgeschriebene Mindest-Queue-Länge von 1,01 Meter zerteilen (unten in Bild 3 ebenfalls gut zu erkennen).

Auf der Bilderfolge (Bild 1 bis 3) fällt bei genauerer Betrachtung auch die besondere Spitze des Jump-Queues ins Auge: Ferrule und Pomeranze sind komplett aus einem Teil gefertigt (hier Pertinax), was das Jumpen ebenfalls enorm vereinfacht. Teilweise sind diese Ferrulen bzw. Pomeranzen sehr umstritten und in einigen Turnierserien (IPT) sogar verboten.

Jumpshots sind momentan nur im Pool-Billard erlaubt und gehören dort auf jeden Fall zum Pflicht-Repertoire der guten Spieler.

Ich denke, es macht – speziell im 9-Ball – auch einen Teil des besonderen Reizes der Disziplin aus und ein Verbot sollte entsprechend gut überdacht werden.

Ein Jumpshot beim Anzielen und bei der Ausführung

2

3

Die mentale Seite des Spieles

Man kann Konzentration und (An-)Spannung sehen!

Billard gilt als anspruchsvollste Hand-Auge-Koordinationssportart der Welt und darüber hinaus als extrem mental fordernd. Billardspieler müssen ähnliche taktische Überlegungen anstellen wie Schachspieler, die Präzision eines Schützen an den Tag legen und sich dabei frei bewegen, um ihren Stand und ihre Körperhaltung der Lage der Bälle anzupassen – ein Unterfangen, das nicht nur kompliziert klingt.

Die mental fordernde Komponente dieser Sportart ist überraschenderweise allerdings hauptsächlich der Faktor Zeit, der im Billard reichlich vorhanden ist. Im Gegensatz zu den reaktiven (schnellen) Sportarten hat ein Billardsportler nicht nur alle Zeit der Welt, um sich vorzubereiten und taktische Erwägungen anzustellen, sondern eben auch dieselbe Zeit, um zu zweifeln. Bedauerlicherweise ist es ein extrem menschlicher Zug, genau das zu tun – speziell, wenn Erfolgsdruck mit im Spiel ist.

Aus Sicht eines Trainers wird dieses Phänomen durch eine weitere Besonderheit des Billardspiels verschärft: Billardspieler verwechseln von Anfang an Qualität und Erfolg, was dazu führt, dass gar nicht erst versucht wird, Billard »gut« zu spielen. Dagegen wollen – um ein Beispiel aus dem Skisport zu verwenden – Skianfänger im Pflugbogen eine Bestzeit auf der Hahnenkamm-Abfahrt fahren oder dieser zumindest sehr nahe kommen. Erreichen sie diese Bestzeit nicht, sind sie enttäuscht. Kommen sie ihr nur einmal (versehentlich) näher, gilt diese Leistung von dem Moment an als Standard. Das alles ist mitunter der Grund, warum Billardtrainer ihren Sport gerne als Lügnersportart Nummer eins bezeichnen.

Selbstsicherheit und entsprechend saubere Umsetzung der Technik kann aber nur durch zielgerichtetes Training erreicht werden.

Ziel der Spieler sollte es also vielmehr sein, »gut« Billard spielen zu lernen und erst dann im Wettkampf den Versuch zu unternehmen, auch noch den sportlichen Erfolg zu erreichen.

Der Preis für Training und Ehrgeiz sowie sichtbares Zeichen von Erfolg

Trainiert man mit vielen Billardschülern, fällt auf, dass die Mehrzahl von ihnen nach eigenen Maßstäben weder gut noch erfolgreich spielt. Für ambitionierte Sportler ist das eine dramatische Aussage, da das eine mit Sicherheit Grundvoraussetzung des anderen ist. Zufriedenheit kann sich garantiert auch nicht einstellen, wenn der geliebte Sport nicht einmal mit brauchbarer Qualität ausgeübt wird.
Dass mit dieser Ausgangssituation für die meisten Aktiven sportlicher Erfolg praktisch außerhalb ihrer Möglichkeiten liegt, dürfte auf der Hand liegen.

Was man tun kann, um »gut« zu spielen

Der profane Rat eines Bundestrainers ist, sich zu überlegen, wie Billard nach den eigenen Vorstellungen aussehen sollte. Die Fragen könnten lauten: »Auf was achte ich eigentlich, wenn mir das Spiel eines Billardspielers gefällt? Wie bewegt er sich? Wie stößt er seine Kugeln? Wie bewegen sich seine Kugeln? Wie klingt es, wenn er die Kugeln stößt?« Vor allem die letzte Frage hat schon vielen Sportlern dabei geholfen, Ziele für ihr eigenes Spiel zu definieren, die nichts mit dem Gewinn von Spielen oder Turnieren zu tun haben, vielleicht nicht einmal mit dem Versenken der Kugeln.
Der Billardspieler muss sich also unbedingt auch auf den Weg aller Schüler jeder anderen technischen Sportart einlassen: Zuerst die Techniken korrekt erlernen und möglichst »gut« spielen und dann auf sportliche Leistung abzielen.

Viele Jahre der Trainertätigkeit haben gezeigt, dass das Problem im Billard (wie auch in vielen anderen Sportarten) leider so einfach und grundlegend, aber eben auch so unüberwindlich ist. Mir ist zumindest keine Methode bekannt, mit der sich ein Sportler deutlich oder nachhaltig mental verbessern kann, wenn er weiß oder doch zumindest befürchtet, dass er seinen eigenen Sport nicht einmal »gut« ausübt.

Billard als eine Art Meditation

Wenn diese Klippen einmal umschifft sind, eröffnet sich dem Sportler im Billard das gesamte Spektrum der mentalen Ansätze der modernen Trainingswissenschaften. Es hat sich aber auch hier gezeigt, dass die Sonderstellung des Billard als nicht-reaktive Sportart mit seinem enormen Zeitüberschuss viele klassische Ansätze ad absurdum führt. So ist es mit absoluter Sicherheit für einen Billardspieler mental tödlich, im Wettkampf seine Fehler zu reflektieren. Auch dann, wenn es aus dem guten Ansatz heraus geschieht, das Negative ins Positive kehren zu wollen. Die viele »Bedenkzeit« am Tisch wird es immer möglich machen, sich mit den negativen Gedanken zu beschäftigen.
Billard auf hohem Niveau sollte aus mentaler Sicht deutlich mehr mit Meditation zu tun haben: Ob ein buddhistischer Mönch Muster in den Kies zeichnet oder ein Top-Spieler am Tisch agiert, sollte idealerweise sehr ähnlich oder sogar gleich ablaufen: Rhythmus und »Fluss« werden die Träger der sportlichen Leistung – Perfektion im Ganzen wird erreicht über die Perfektion der einzelnen Teile.

Konzentraion und Fokus im Ziel, dann gerichtete Explosion

Das klingt zwar alles ein bisschen esoterisch, die Nähe des Billardsports zu fernöstlichem Gedankengut kann aber auch nicht verheimlicht werden. Viele Billardtrainer haben sich schon mit Werken wie dem Hagakure beschäftigt und große Erfolge durch das Einbringen dieses Gedankenguts ins Training erzielt. Ich reihe mich gerne in die Gruppe dieser Trainer ein und gestehe, dass auch ich (um beim Gedankengut der Samurai zu bleiben) versuche, meine Spieler zu »guten« Billardspielern zu machen, um dann siegreiche (meditative) Krieger aus ihnen zu formen. Das auf den beiden Bildern oben dargestellte Break kann die »angespannte Zielrichtung« eines Spitzensportlers noch einmal gut verdeutlichen. Ein Spieler muss auf höchstem Niveau schon eine Art Krieger sein, um erfolgreich operieren zu können.

Eine abschließende Empfehlung?

»Gut« spielen zum Ziel der eigenen Bemühungen machen, akzeptieren dass es (nur) ein Spiel ist und sich nicht zu viele Gedanken um die Sportpsychologie machen.
Stattdessen lieber versuchen, zu fokussieren und die Fähigkeit zu entwickeln, diesen Fokus über einen längeren Zeitraum halten zu können – bei jedem (!) Stoß und damit »häppchenweise« über ein ganzes Turnier.

Literatur und DVD

Literatur: Pool-Billard

ECKERT, RALPH: Modernes Pool. Litho Verlag, 4. Auflage 2002
ECKERT, RALPH: Progressives Pool. Litho Verlag, 4. Auflage 2003
ECKERT RALPH (mit Kommentaren von ANDREAS HUBER): Sportliches Pool Billard 1. Litho Verlag, 2006
ECKERT, RALPH/HUBER, ANDREAS/SANDMANN, JORGEN: PAT Trainingsheft 1. Litho Verlag, 2005
ECKERT, RALPH/HUBER, ANDREAS/SANDMANN, JORGEN: PAT Trainingsheft 2. Litho Verlag, 2005
ECKERT, RALPH/HUBER, ANDREAS/SANDMANN, JORGEN: PAT Trainingsheft 3. Litho Verlag, 2005

Literatur: Karambolage

EFLER, ANDREAS: Faszination Dreiband-Billard. Litho Verlag, 2005

Diana Stateczny, Jahrgang 1980: eine der erfolgreichsten Spielerinnen Deutschlands. Ungewöhnlich auch, dass sie als Werkzeugmacherin vieles an ihrem Material selbst bearbeiten kann.

DVD: Pool-Billard

ECKERT, RALPH/HUBER, ANDREAS: PAT Trainingsvideo 1. End Airline Records, 2005
ECKERT, RALPH/HUBER, ANDREAS: PAT Trainingsvideo 2. End Airline Records, 2006
In Planung:
ECKERT, RALPH/HUBER, ANDREAS: PAT Trainingsvideo 3. End Airline Records, 2007

DVD: Karambolage

EFLER, ANDREAS: Faszination Dreiband-Billard. Nur über den Autor erhältlich: andreas_efler@yahoo.com

Internetadressen

- www.ba-dachau.de: der Web-Auftritt meiner Billardschule
- www.arthur-queue.de: die Seite unseres Cuemakers
- www.billard-union.de: die Seite des Deutschen Billardverbandes
- www.epbf.com: die Seite des Europäischen Pool-Billard-Spitzenverbandes
- www.wpa.com: die Seite des Pool-Billard-Weltverbandes
- www.ibsf.org: die Seite des Snooker-Weltverbandes der Amateure
- www.eurobillard.org: die Seite des Europaverbandes im Karambolage-Billard
- www.umb.org: die Seite des Weltverbandes im Karambolage-Billard
- www.worldbilliard.org: die Seite des Olympischen Billard-Weltverbandes
- www.billard-aktuell.de: die Seite der größten deutschen Billard-Community

Register

Eine kleine Auswahl aus unserem grossen Programm

Norbert Düwel
Dribbeln, Passen, Schießen – Profitipps für Kids
Kindgerecht vermittelt: grundlegende Techniken und Anregungen zum Üben; mit Comicfiguren, die Tipps zu Ausrüstung, Regeln, Vereinssport usw. geben; Spielszenen mit großen Fußballstars, Infos zu den besten Mannschaften.
ISBN 978-3-8354-0131-0

Frédéric Delavier
Der neue Muskel-Guide
Jetzt noch stärker – der Bestseller, überarbeitet und mit Beilage-Poster: Funktion der Muskelbereiche und gezieltes Training der einzelnen Muskelgruppen, visualisiert mit einzigartig präzisen anatomischen Zeichnungen.
ISBN 978-3-8354-0014-6

Peter Konopka
Radsport
Radsport total – das komplette Know-how: das völlig überarbeitete Standardwerk, perfekt aufbereitet, fundiert und aktuell, mit Insiderwissen aus erster Hand und speziellen Trainingstipps für Einsteiger und Könner.
ISBN 978-3-8354-0032-0

Bernd Neumann
Laufen mit der Pulsuhr
Der richtige Einsatz der Pulsuhr, Laufgrundlagen, die geeigneten Schuhe, Gesundheitscheck, Trainingspläne für jeden Läufertyp und für individuelle Ziele; mit einem 10 Euro-Einkaufsgutschein für eine Sportuhr von POLAR.
ISBN 978-3-8354-0123-5

Markus Wasmeier
Pisten-fit mit Markus Wasmeier
Das beste Training, der beste Trainer: mit Markus Wasmeier fit für die Piste; Skigymnastik – speziell abgestimmt auf die verschiedenen Schnee- und Geländesituationen – für Carver, Genuss-Skifahrer, Telemarker, Snowboarder und Langläufer.
ISBN 978-3-8354-0153-2

Thomas Raach
Nordic Cruising
Die Spaß- und Wohlfühlvariante des Skilanglaufs: gesundheitliche Aspekte; Ausrüstung und die wichtigsten Techniken, Gleiten, Balance halten, Cruising-Schritte, Abfahrts- und Bremstechniken; abseits der Loipe.
ISBN 978-3-8354-0170-9

Die zuverlässigen Berater

BLV Bücher bieten mehr:

- mehr Wissen
- mehr Erfahrung
- mehr Innovation
- mehr Praxisnutzen
- mehr Qualität

Denn 60 Jahre Ratgeberkompetenz sind nicht zu schlagen!

Dass Sie sich gut beraten fühlen – das ist unser Ziel. Falls Sie Fragen und/oder Anregungen haben, schreiben Sie uns bitte:

BLV Buchverlag GmbH & Co. KG
Lektorat · Lothstraße 19
80797 München
Postfach 40 02 20
80702 München
Telefon 089/12 02 12-0 · Fax -121
E-mail: blv.verlag@blv.de

Unser Buchprogramm umfasst über 750 Titel zu den Themen **Garten · Natur · Heimtiere · Jagd · Angeln · Sport · Golf · Reiten · Alpinismus · Fitness · Gesundheit · Kochen.** Ausführliche Informationen erhalten Sie unter **www.blv.de**

blv

Mehr Erlesen!